巴黎墓園的祕密生活
La vie secrète d'un cimetière

為逝者按讚！網路爆紅生命守門人，
帶你體驗法國「拉雪茲神父公墓」多樣迷人的生態，
在自然景致與逝者銘言間體悟生命美好

作者：班諾瓦・加洛 Benoît Gallot
插圖：丹尼爾・卡薩納夫 Daniel Casanave
譯者：謝珮琪

積木文化

致珂瓏貝（Colombe）、撒迦利亞（Zacharie）、薩夏（Sacha）、羅絲（Rose）、卡蜜兒（Camille）

我們在墓園裡散步，一邊評論著別人的墳墓。芙蘿虹思開始對那些打磨得十分光滑的大理石墓碑生起氣來，她覺得這些東西實在很醜。無論如何，這完全不會是我的風格。我的夢想是可以被葬在一個有點老舊的墓園裡：發黑的墓碑沒入叢生雜草，十字架也東倒西歪，還有狐狸和山羚羊會來過夜。

——琵耶裡克．貝利（Pierric Bailly），《吉姆的小說》（*Le Roman de Jim*）

目次

CH0
前言
Avant-propos

沒有哪一年的諸聖節例外，專家學者、研究人員、專業人士，甚至近來的數位資訊愛好者，都會非常認真地斟酌墓園在中長期內消失的可能性。他們的假設不無道理：法國人對自家城市與村莊裡這些熟悉至極的空間不再那麼熱衷。實際上，看數字就一清二楚，前往墓園的人數呈下降趨勢。造成這個現象的原因可多了：地理位置偏遠、宗教影響力下降以及火葬興起；火葬法在一九八〇年代初期僅占喪葬的一%，如今有四〇%。我想再補充一個既屬於心理私密層面，同時揭示當今狀況的觀點：穿過墓園大門，就必須面對死亡。然而，死亡仍是個十足的禁忌，因為它頑強地違逆我們，要制伏它絕無可能。儘管Google深具雄心大志，認為人類將在本世紀末得永生——最好是這樣——但是在此之前，由於無法戰勝死亡，我們只能眼不見為淨，把它從社會……甚至從詞彙中剔除，所以我們總是傾向使用

「離開」、「消失」或「生命盡頭」這些比較委婉的說法。

只有那些轟動一時、暴力色彩濃厚或前所未聞的死亡事件才會上新聞，這些事件有時還會引發「白色遊行」（marches blanches），只是通常不太會抬棺抗議。日以為常的死亡，平淡無奇、不生波瀾的死亡，現在都看不見了。當人們的預期壽命不斷延長，每十人就有九人在自家以外的地方過世時，有人可能到老也未曾見過死人。家人聚在一起守靈、在自家門口掛起黑幔、汽車讓道給送葬隊伍通行的時代早已一去不復返……面臨這種刻意疏遠，以及死亡逐漸從生活中被淡忘的狀態，墓園會不會成為最後一個從地圖上被抹去的痕跡？

在我看來，墓園消失絕對是件令人遺憾的事情，這不僅是因為我在墓園工作、住在墓園，或家族對喪葬儀式有股代代相傳的熱情而已。我喜歡墓園，因為我向來深信它們大多數不是悲傷或陰森之地，而是能撫慰人心的地方，蘊藏令人意想不到的豐富性。

老實說，當我第一次被委以管理墓園的責任時，眼裡就只有工作：讓死者入土為安，確保墳地受人敬重。此外，還得進行墓園的整體維護，就是連一根小雜草也要斬草除根。巴黎市議會在二〇一一年通過一項決議，直到那時我才扭轉了我的工作方式與觀點：告別化學農藥，歡迎野生動植物！隨著墓園小徑逐漸綠化，墓塚之間的雜草再現生機，形成了一個嶄新的生態系統。我所

管理的墓地不再只是一個敬獻死亡的地方，它在我的眼中轉變成一個在地生物多樣性的實質庇護所，包括植物、昆蟲、鳥類，甚至哺乳動物都在其中。

人口稠密的都會區通常無法開闢新的綠色空間，因此越來越多地方政府相繼考慮讓墓園從原本功能裡走出來，劃為散步和文化探訪的場所，類似受保護的島狀大自然地帶。多年來，人們因懼怕死亡而對墓園避而遠之，如今墓園高牆內重現生命力，也許可以挽救墓園於瀕臨消失的危機。

與此同時，我的守墓人工作也呈現更多嶄新面貌，每天都有引人入勝的新發現。最不可思議的一次，是在二〇二〇年四月二十三日。當時還是了無生氣的巴黎封城時期，天天都有新冠肺炎（COVID-19）死者穿過拉雪茲神父公墓（Cimetière du Père-Lachaise）的大門口，而某天一隻小狐狸卻擋住了我的去路！這簡直是個奇蹟。我只不過是在社交網路上發布一張我與小狐狸相遇的照片，立刻讓媒體群情激動……沒多久，這張照片就登上了《巴黎人報—今日法國》（*Le Parisien-Aujourd'hui*）[1]頭版！我並沒有為此沾沾自喜，但是這驟然乍現的光芒不僅照亮了可愛的動物，也照亮人們所不熟悉的殯葬行業；我心意已決，不能讓這束光芒熄滅。看到許多人訂閱我的Instagram帳戶「La Vie au Cimetière」（墓園生活），而且訂閱人數還在不斷上升，讓我倍感榮幸。我也努力拍攝照片讓粉絲明白，墓園的鐵柵門後絕對不是只有死亡，還有充滿熱情的男男女女在默默堅守工作崗位，以及大自然以何種雄偉氣勢重新君臨天下。

因此，當我有機會透過寫書分享這些經歷時，我並沒有猶豫太久。當然，我管理的墓園已經成為眾多書籍的主題沒錯，可儘管它享譽國際，我仍經常發現大多數人對它的看法有些滑稽，或者……至少被各種先入為主的想法和天馬行空的幻想曲解。我將盡我所能地揭開它的神祕面紗。

除了拉雪茲神父公墓本身，還有一整個我希望能向讀者敞開大門的天地——帶領讀者在墳塚青石與步道的蒼鬱綠意間探索，進入那不為人知、往往因心生畏懼而不受重視的世界，這同時也是一個除了舒緩人們傷痛之外別無所求的世界。願他們在逐頁展卷之間能微笑、驚奇、讚歎……或許，誰也說不定，甚至可以找到些許安慰。

1譯注：《巴黎人報》為巴黎地區的報紙。同一集團發行的全國性報紙則稱為《巴黎人報—今日法國》。

AVENUE
DU CONSERVATEUR
2e DIVISION
2e Sectn

CH1
休憩路 16 號
16, rue du Repos

第一次坐在拉雪茲神父公墓管理處一樓辦公桌前，有件小事立即讓我印象深刻：由於管理處建築前後的地面高度不同，所以辦公桌前的窗戶很高，必須仰頭才能看到外面的世界。上班的頭幾天，這個特色讓我感到非常不安。好奇不已的訪客，從可以俯瞰我辦公室的水井大道（Avenue du Puits）上探頭觀察我在下面工作的情況，完全不會不好意思，甚至還會大聲議論著「喲！有人在這裡工作？」彷彿墓園裡有個辦公室很不倫不類。完全不怕生的人，則想都不想就敲著窗玻璃向我索取地圖，或詢問最近的洗手間在哪裡。有一次，一個五歲左右的小男孩緊緊抓著窗戶欄杆，趁他父親正忙著打電話時向我做鬼臉。這也太過分了！我決定貼上一層有鏡面和單向透視功能的玻璃貼膜，以杜絕窺伺或揶揄的眼光。從那之後，效果真是太讚了。感謝這層神奇濾鏡，讓我不再像籠子裡的動物那樣被人打量，即使不時還是有幾個人來我的窗前梳理頭髮或調整領帶，但他們絕對想不到窗戶後面有人正在工作……而且是位於地面下六英尺的辦公室。

室內裝飾方面，我的新工作空間相當樸素，但有兩件不同凡響的元素。第一件是我對面壁龕裡的吉姆．莫里森（Jim Morrison）半身雕像。即使在自己的辦公室裡，我也逃不開墓園裡最赫赫有名的死者。據說這座半身雕像，是一九九〇年代初安放在這位歌手墓前的；由於沒有正式得到死者家屬許可，當時的守墓人只好把雕像從墓前移走並放在壁龕那裡，等待它的創作者前來取回。這尊雕像算不上什麼傑作，它最大的問題在於它其實並不像吉姆．莫里森，反而更像在奧利佛．史東（Oliver Stone）執導的電影《火樂焚城》（*The Doors*）中扮演這位歌手的演員方．基墨（Val Kilmer）。儘管如此，這尊雕像在我上班的最初幾年一直陪伴著我，也為這間樸素的辦公室增添了幾許搖滾氣息。但它無法與藝名C215的街頭藝術家克利斯汀．蓋米（Christian Guémy）後來送我的莫里森肖像相提並論。那幅肖像採用範本噴畫技術，畫在巴黎捷運局（RATP）的拉雪茲神父地鐵站舊名牌上，非常活靈活現，也讓石膏雕像作品瞬間顯得有點老土，所以我決定把雕像放回儲藏室。一山不容二姆。

第二件室內裝飾品，至今仍在我辦公室裡占有一席之地。那是一幅氣勢恢宏的水彩畫，描繪著從梅尼蒙當大道（Boulevard de Ménilmontant）上一棟建築的高處俯瞰拉雪茲神父公墓的全景。

畫中可以看到墓園的主要建物以及火葬場的原貌，也就是還沒有圓頂時的樣子。這幅水彩畫出自某位名為朱利安．加尼葉（Julien Garnier）的畫家之手，大約完成於一八八九年。這幅畫有個特殊之處：一個多世紀以來，它在守墓人之間代代相傳，就像一件需要好好呵護的珍寶。它最重要的價值，無疑是讓我們認清自己只是匆匆過客般的公務員，也提醒我們這些可憐的凡人，無論發生什麼事，墓園都會活得比我們久。

除了半身雕像和這幅畫，我的辦公室看起來和世上其他辦公室沒什麼兩樣。辦公桌上堆滿一摞又一摞的資料，都是上任守墓人移交給我的一些正在進行的業務。雖然我還不知道相關內容，但它們的數量和堆疊高度，已經讓我大致瞭解眼前等待著我的工作。好多令人興致勃勃的課題需要處理，留待解決的問題也不遑多讓。

在巴黎伊夫裡公墓（Cimetière Parisien d'Ivry）工作八年後，我於二〇一八年八月一日被任命為拉雪茲神父公墓的守墓人。當然，才三十六歲就獲得這個最高職位，不免讓我感到飄飄然而且神氣十足，但在被任命的欣喜若狂之後，隨之而來的焦慮感很快地浮現在眼前。開門見山地說：我很害怕。我擔得起這個歷史悠久的地方嗎？冒牌者症候群經常讓我懷疑自己是否有正當理由勝任工作，除此之外，我更瞬間感受到這座神話般的墓園無可忽視的重量，畢竟它已成為墓園旅遊界的聖地。雖然我曾在二〇〇六到二〇一〇年間擔任巴黎市墓園管理處墓位辦公室副主任，並首

次在這墓園任職，但我對它的瞭解還是相當淺薄，僅限於它的重大歷史、著名陵墓和一些家喻戶曉的傳說。從今爾後，我必須理解它的複雜性和豐富性。我有義務瞭解它的方方面面，如此才能在不辜負其盛名下成為它當之無愧的代表，並以最恰到好處的方式來管理它。

於是，我懷著恐懼與興奮交雜的心情，走馬上任。

雖然墓園的官方地址是「休憩路16號」，但如果認為管理拉雪茲神父公墓是個清閒的差事，那就大謬不然了；赴任後的最初幾個月，我就感覺自己像是被捲入一臺機器裡轉個不停。這座墓園並非時光凍結的陵墓，也不是專為大眾旅遊設置的露天博物館。事實恰恰相反：墓園在開放兩百多年後，作息依然繁忙。有些墓位重新發放，其他墓位則被收回。裂開、散開以及長滿青苔的墳墓一一消失，另一種嶄新又瀟灑的墳墓紛紛冒出頭。有些墳墓刻上新的墓誌銘，其他的則隨時間流逝逐漸變得模糊難辨。棺木運抵火葬場，骨灰盒被送離這裡。有些逝者被移到納骨塚，另一些則被埋葬在新砌的墓穴中。在各種葬禮活動的喧鬧聲中，拉雪茲神父公墓的心臟依然生生不息地跳動著……

現在誰能被葬在拉雪茲神父公墓裡？

CH2
黑色旅遊
Le thanatourisme

有人曾開玩笑地對我說：「拉雪茲神父公墓，就是喪葬界的迪士尼樂園！」這樣看似幽默的評論背後，隱藏著許多遊客心目中的普遍印象。這倒也不完全是錯的。

拉雪茲神父公墓最吸引人的地方，當然是讓遊客趨之若鶩的名人墓塚。遊客們在尖峰時段還得排隊參觀，真的如同置身在遊樂園裡，尤其是在蕭邦（Frédéric Chopin）、吉姆．莫里森或愛迪．琵雅芙（Édith Piaf）的墓前。在導遊生動的敘述下，遊客重溫名人的傑出生平，彷彿穿梭時空回到過去，情緒也隨著或悲或喜的軼事鋪陳不由自主地跌宕起伏。其中一些情感比較敏銳的人，甚至藉此提醒自己不過是一介死生有命的凡人。在名人與名人的墓塚之間，每個人都會被眼前的排場緊緊抓住視線，頓感身處異世界：各種全身雕像、墓誌銘、半身雕像、與死神有關的裝飾、殯葬符號還有噬墳樹（arbres nécrophages，一種生長在墓塚上、非人為種植的樹，它的枝幹能穿透石頭並吞噬金屬欄杆）。這種礦物和植物元素自然交織纏繞的詩意，令人嘖嘖稱奇。

一望無際的墳墓，讓某些人對已逝至親的惦念倏然湧上心頭，不禁腦袋發慌。還有一些人路過「納粹大屠殺遇難者紀念碑」時會覺得反胃不適，因為這讓他們想起最邪惡之人的無惡不作。喜歡刺激的人當然也不會被冷落，墓園裡有無數神祕莫測的傳說等他們來一探究竟，保證毛骨悚然！結束墓園參觀後，遊客一定會忍不住在「休憩之門」（Porte du Repos）附近的阿達一族（La Famille Adam）之墓前和孩子們一起拍照留念，然後迫不及待地上傳到社交網路，當然還要配上骷髏頭表情符號。就像逛遊樂園裡一樣，他們也不可能在一天之內逛遍整個墓園，不然腿肯定廢了！

毋庸置疑，拉雪茲神父公墓現在已成為旅遊和文化聖地，每年吸引約三百萬形形色色的遊客，讓它成為與羅浮宮、蒙馬特和艾菲爾鐵塔齊名的巴黎必遊景點之一，也是旅行社的重點參觀行程。這是一個引人入勝的神祕景點，而且免費入場。

在我剛上任的幾天，就意識到自己身處於一個不凡之地。讓我印象尤其深刻的，是管理處辦公室內三教九流齊聚一堂的狀況：傷心欲絕的親人前來詢問墓地租讓，還有穿著短褲來要地圖以尋找馬塞爾・普魯斯特（Marcel Proust）或瑪麗亞・卡拉絲（Maria Callas）墳墓位置的遊客，通通在此交會。辦公室外的情況也不遑多讓：一群群身著清涼夏裝的遊客，在全身縞素的送葬隊伍附近閒逛。他們唯一的共同點，就是都帶著墨鏡。這種龍蛇雜處的情形是拉雪茲神父公墓的一大特色，讓這裡成為舉世無雙的國際大都會，但也需要時刻保持警惕，以確保這兩種截然不同的公眾能和睦共存。

很難確切指出黑色旅遊興起的時間點。不過，早在一八〇八年，安托萬・卡佑（Antoine Caillot）就出版了一本名為《浪漫感傷之旅：參觀蒙馬特長眠墓園和路易丘的拉雪茲神父鄉間住宅》（*Voyage pittoresque et sentimental au champ du repos sous Montmartre, et à la maison de campagne du Père-Lachaise, à Montlouis*）的書。這是未來一系列實用指南中的天字第一本。作者在這本書裡不僅詳細羅列墓地和墓誌銘，也描述墓園的氛圍，更分享了由墓園所引發的深思。當時拉雪茲神父公墓僅開放四年，就已散發出一定程度的魅力，讓人隱約預感它將在十九世紀成為旅遊勝地。

在這之後不到五十年，另一位作家薩洛蒙（F.T. Salomon）於一八五五年出版了一本名為《墓地永久讓與權彙編：按字母順序排列》（*Recueil général alphabétique des concessions perpétuelles*）的書。他在書中指出：前來巴黎的外國人都會參觀拉雪茲神父公墓，這座墓地因其場所和整體建築，成為世人瞻仰的對象。藝術愛好者能在此看到出自第一流大師之手的傑作；如果是喜歡歷史的人，則能親眼目睹偉大人物的歷史。他還說：每一天都有來自各個地區、各個國家的人群湧入拉雪茲神父公墓，他們或為瞻仰在此安息的名人遺骸，或為欣賞似乎從世界各個角落於此齊聚一堂的藝術，再不然就是為了履行對親朋好友的虔誠祈禱等原因。一八五五年提出的這一觀察，至今依然適用。由於埋葬在此的名人數量不斷攀升，拉雪茲神父公墓已成為名副其實的萬神殿二號，安葬著各個時代與各行各業的人才：演員、畫家、建築師、攝影師、歌手、電影藝術家、科學家、作家、詩人、歷史學者、軍人、領導人……還有許多因歷史或政治原因離鄉背井來到法國尋求庇護的外國知名人士。他們的存在有助於提升墓園的國際聲譽：美國人會前往吉姆・莫里森和葛楚・史坦（Gertrude Stein）的墓地緬懷追思；波蘭人則去瞻仰蕭邦；至於歌手艾哈邁德・卡亞（Ahmet Kaya）和電影導演耶爾馬茲・居內伊（Yilmaz Güney）的墓塚，是庫德人不容錯過的必遊之地；義大利人會到路易吉・凱魯畢尼（Luigi Cherubini）和亞美迪歐・莫迪利亞尼（Amedeo Modigliani）的墳地憑弔；愛爾蘭人和英國人則前往參觀王爾德（Oscar Wilde）墓前被去勢的史芬克斯（Sphinx）雕像；亞美尼亞人拜倒在安德拉尼克・奧扎尼安（Andranik Ozanian）將軍墳前；比利時人絕不會錯過裝飾在作家喬治・羅登巴克（Georges Rodenbach）墓前的表現主義雕塑；巴西人則喜歡撫摸唯靈論創始人阿朗・卡爾代克（Allan Kardec）的半身雕像，雖然他是法國人，但是在巴西卻赫赫有名。

墓園成了露天版的「名人錄」（Who's Who），幾乎讓人忘記墓園成立的初衷，以至於不少遊客都期待這裡能像博物館一樣提供接待和旅遊服務，像是專人解說、語音導覽、衣帽寄物間和咖啡快餐部。然而他們卻驚愕地發現，拉雪茲神父公墓竟然是如假包換的墓園，到處都是靈車和悲不自勝的人們。更糟的是，這裡沒有觀光小火車或行李寄存服務，所以他們行李箱的輪子不得不正面迎擊高齡兩百歲的崎嶇鵝卵石路。很多人孤苦無助地緊盯著手機，拼命尋找著他們專程前來造訪的名人之墓。

洞燭機先的遊客會向真人嚮導求助。這些嚮導獨立於行政部門之外，提供各種主題的導覽服務，也反映出長眠於拉雪茲神父公墓的逝者極其多元。不管這些嚮導是自學成才，或是具備專業訓練，他們大多個性鮮明，完美契合其職務的戲劇性特質。這種以自我中心為主的職業不免引發各種人際問題，比如被唾棄、憎恨、檢舉和指謫剽竊。我的建議是：最好避開那些在墓園裡厚顏賴皮大肆招攬的嚮導（他們不僅違規拉客，而且通常是最不可靠的）。

不論嚮導背景或性格如何，他們共同的功勞是傳承緬懷逝者的責任，努力讓遊客在以死亡為尊的地方享受愉悅的漫步體驗（即使有時候天公不做美）。在兩三個小時的遊導覽過程中，遊客們學到許多扣人心弦的事情，也聽到許多趣聞軼事；當他們走出墓園之際，很可能真的會很想聽一聽門戶合唱團（The Doors）的音樂、再次閱讀普魯斯特的作品，或是去羅浮宮欣賞德拉克洛瓦（Eugène Delacroix）的作品。只不過，即使他們滿足了對文化的渴求，但並沒有真正發現拉雪茲

神父公墓的魅力所在。基本上，他們對逝者的瞭解大於墓園本身。

我的親友經常請我帶他們參觀墓園，因為他們害怕迷路，然後找不到他們想看的墓塚。這時我就會告訴他們，拉雪茲神父公墓的真正魅力就是能讓人盡情地迷路。老實說，我最喜歡的不是名人的墓地，而是墓園散發的迷人氛圍，而這種氛圍只有在不知置身何處時才能充分感受到。

因此我通常建議：前往或重遊拉雪茲神父公墓時不要有嚮導陪同，只帶一張簡單的紙本地圖即可，並以最多探訪十二座左右的墓塚為目標。如此一來，您必定會迷失在墓園有如迷宮般的錯綜小徑之中，不停繞圈子、鬼打牆，最後還是要開口問路。您會拿著紙本地圖苦苦思索，甚至還可能跟您的伴侶吵嘴，大呼「我早就跟你講過要右轉」，就此在墓園裡上演一場令人難忘的家庭鬧劇。最重要的是，您一定會遊走到意想不到的角落、發現令人動容的墓誌銘、深深著迷於某些地帶的詩意氛圍、誤打誤撞地踏上風景如畫的山羊小徑（Chemin des Chèvres），然後被某個無名氏的墳墓所感動。那些為致敬昔日輝煌時刻所修建的宏偉陵墓，也定會震撼您心。這些都讓人感覺自己宛如跳脫時空，不再置身巴黎，徹底體會到全然不同的異世界風情。您可能還是找不到想找的墓塚，但會與真正的拉雪茲神父公墓相逢，並全心全意地感受它的本體和靈魂，留下難以忘懷的回憶。在我看來，這才是真正的「拉雪茲神父公墓體驗」，而這樣的體驗將讓您愛上這個地方，不由自主地渴望再次迷失其中。

可以帶孩子去參觀墓園嗎？

可以。完全可以。當然，您勢必要與孩子討論有關死亡的問題，不要擔心會讓他們感到驚恐。孩子們都充滿好奇，有時會問一些出人意表的問題。我女兒曾問過：「當我們死了，是不是就永遠死了？」您不一定能找到準確的答案，但也將因此展開一場對話。此時您可以嘗試一些隱喻的說法，也或許只能笨拙以對。但最重要的是：不要說謊，不要隱瞞任何事實，以免讓孩子獨自面對他們的疑慮和不安，那肯定更糟糕。

前往墓園參觀，便有機會與孩子們就生命的意義進行第一次哲學討論。「為什麼我們會死？」「我們死後會去哪裡？」「死會很痛嗎？」「你想被火化還是入土為安？」我相信，認真回答他們的問題，不把它們視為禁忌，可以讓孩子更能接受死亡。畢竟，無論您喜歡與否，死亡都是生命中不可或缺的一部分。

孩子在墓園探索的學習過程中，您也能從旁助一臂之力。您的孩子不只可以培養方向感、學習閱讀地圖，解讀墓誌銘或羅馬數字時還能練習閱讀能力，再運用心算得出逝者的死亡年齡，或對鳥類和樹木感到興味盎然，又可以撿拾栗子。當他們迎面碰到一個孩子的墳墓時，就會明白死亡不只與爺爺奶奶有關，也會明白為何爸媽在穿越馬路前堅持要左右查看有無來車。與孩子談論死亡能讓他們更知道如何善用人生。帶他們去拉雪茲神父公墓吧，他們日後會感激您的。

鑒於公墓遊客人潮眾多，為了保障遊客的安寧，使其不受不法行為或扒手滋擾，安全問題肯定是我的主要日常操心項目之一。墓地接待和保全人員優先負責監督葬禮活動，所以他們有「哨兵行動」（Opération Sentinelle）[1]的支援：每天都有軍人來墓園巡邏、進行整體警戒，國家員警和法國共和國衛隊（Garde républicaine）也會定期來巡視。拉雪茲神父公墓本身散發著寧靜氛圍，置身其中的人卻不會感到不安全。然而，作為熱門的旅遊勝地、擁有許多紀念性墓碑的緬懷聖地、每年舉行近一萬個葬禮的繁忙中心、法國第一座火葬場、建有一座為逝者祈福的天主教追悼禮拜堂……這些都讓它成了巴黎東部最棘手也最嚴加監視的地點之一。

其中最艱鉅的任務之一是清場。每天傍晚，接待和保全人員在墓園關門前十五分鐘會敲鐘，並向遊客發送「必須往墓園出口移動」的訊號。這還不能奏效，遠遠不夠。有些人不急著離開，有些人一定要看到最後一個想看的墓碑，有些則是迷路出不去……甚至有意無意被關在墓園內的也大有人在，因此清場任務需要各種工作人員保持警惕並合作調度，才能保證每個遊客都能在規定時間內離開（這種情況非常罕見）。

當遊客錯過清場疏散時間並發現自己被鎖在墓園裡，有些會驚慌失措地擂打管理室的門，希望還有沒下班的好心員工能幫他們開門。還有一些人會打電話報警，請他們趕快派墓園的工作人員衝來開門。從我員工宿舍敞開的窗戶聽到我孩子喧嘩聲的人，就會絕望地大叫著：「有人在嗎？」每次我都會大發慈悲地下去幫他們開門，並一再問同樣的問題：「你們沒聽到關門的鐘聲嗎？」有些人會很誠懇地表示歉意：「請原諒我們，我們什麼也沒聽見。我們已經在荒無人煙的拉雪茲神父公墓迷路了整整一個小時，一想到要在墓園過夜，我們就開始六神無主……」另一掛人就沒那麼坦誠了，他們顯然想在墓園關門後才結束參觀行程。有些人甚至毫不在乎地對我說：「下午六點？這時間對一個旅遊景點來說超級早欸！你們就不能再延後嗎？」

最近幾年出現一種新的旅遊提案，想以更有趣的角度來探索拉雪茲神父公墓。幾家公司開始提議要在墓園內設置尋寶或逃脫遊戲，但這些娛樂活動與墓園的性質並不相容，因此直至今日仍被嚴格禁止，以免那些為贏得最後勝利而在墓園小徑上奔跑、大叫的遊戲參與者打擾到逝者家屬。不過，這裡偶爾還是會批准戲劇型或音樂型的導覽，例如「墓地之春」（Printemps des Cimetières）活動，巴黎市政府也自二〇一八年開始參與，但仍屬個例，而且有嚴格的規範。

拉雪茲神父公墓毫無疑問是一個旅遊景點，但它並不是一個主題樂園；不管怎麼說，它還是一個墓園。不過，最近有件蠻諷刺的事情，就是迪士尼的管理部門不得不提醒大家「迪士尼樂園並不是墓園」！特別是在美國，許多遊客習慣將已故親人的骨灰傾倒在他們生前最喜歡的遊樂設施底下。家家有本難念的經啊。

1 譯注：屬於「反恐計畫」的一部分，在重要地點安排長期駐兵或派遣警力，以防範恐怖攻擊。

CH3
墓園人生
La vie au cimetière

我的墓園管理人職涯，是從巴黎伊夫里公墓開始的。那是二〇一〇年，我首次在職業上擁有充分的自主權，同時肩負更大的責任。經過一段時間的適應，我逐步修改了一些內部手續，並著手改善檔案的保存工作。我的管理人頭銜其實就是根據後面這項職責而來，也就是「保存」墓園的檔案。在這方面，我不會敷衍了事：登記冊已全部數位化，墓地租讓單據的分類也已完全重新設計。追根究柢，其實沒有什麼令人興奮的事情，我只是希望把事情做好，盡可能把「我的」墓園管好。

事後回想起來，我才意識到：枉費巴黎伊夫里公墓占地二十八公頃，但我大部分時間都待在辦公室裡，必要時才會到墓園現場，完全沒有享受到這裡傲視群倫的景觀。更糟的是，我幾乎沒有認真瞭解過這裡的樣貌。實際上，我只是純粹從殯葬角度來看待這份工作：讓巴黎人下葬、確保遵守相關規定，還有協助逝者遺屬。在我看來，墓園中所有的自然元素，都只會造成管理上的不便。一千九百棵婆娑樹木固然美麗，但我眼中只有養護人員必須清理的樹葉量，以及可能由此引發的投訴事件。同樣地，雖然我注意到有許多鳥類（其中有些看起來像鸚鵡），但我主要擔心的是牠們在長凳和墓碑上留下的鳥糞。總之，當時的我毫不在乎什麼生物多樣性，而我的環保意識也僅限於盡力做好垃圾分類而已。

二〇一一年，巴黎市議會投票通過了一項生物多樣性計畫，當中規定巴黎的墓園應減少使用農藥除草劑。幾十年來，養護人員一直在墓園小徑上噴灑除草劑，而除草劑顧名思義，唯一的目的就是「殺死」所有膽敢在墓塚之間冒出頭的野生植物。每到春天，噴灑除草劑的工作都要持續好幾個星期；不僅工作人員必須穿上防護衣，還得暫時禁止公眾進入噴灑區域。托噴灑化學藥劑之福，墓塚之間的小徑和空間完全「淨空」；換句話說，就是沒有任何生命跡象。這符合用戶的要求，也符合我自己對墓地的概念：逝者周圍的一切都必須是死寂的，就像逝者一樣。任何生命的痕跡，都被視為有違對逝者應有的尊重。即便可以用花卉裝飾，也只能放在墳上的花壇裡；然而大部分花壇，都只在諸聖節時用來種植傳統習俗的菊花。鮮花當然也可以，但不能放在墳墓以外的地方。

除了墓園主要的林蔭大道上種有成排的樹木和灌木，墓園的四十七個分區都不待見任何植物。只有一個分區被視為「景觀區」，在墳墓間種了一些林木，被當成是一位景觀工程師的試驗性作品（而且這位工程師已經離職了）。這個景觀區實際上代表一件事：在排列整齊的墓地中，仍能接受一點點錯落有致的混亂。這個不那麼嚴肅的點綴，能讓人們覺得我們思想開明，沒有徹底的強迫症。

在必須實施新的「零農藥政策」時，我的反應相當無知：「何必呢？光是民眾抱怨的口水就足以把我們淹死，而且我們不是公園，是墓園！」敵意……沒錯，就是這個字！儘管心懷不滿，我和團隊還是迫於無奈聽命行事，這樣才能討好我們的上級和民代：按照他們的要求，有三個分區的維護工作將不再使用任何農藥產品。當時我們渾然不覺，一場小革命正逐漸展開。

這個轉變的過程持續四年，也徹底顛覆了我和同事們的觀念。隨著時間推移，實施政策的分區也不斷增加。有一家研究機構拔刀相助，我們另外購買了機械設備，養護人員也接受培訓、學習新的養護方式，並在最難綠化的分區播種，甚至有一家園藝公司一步步地幫人行道鋪上草皮。與此同時，我們團隊的鬥志也越趨高昂，以至於在二〇一四年底做出決定，讓整整二十八公頃的墓園不再使用任何農藥產品。

該怎麼解釋這種翻天覆地的變化？是綠意吧。綠色的力量，是明擺在眼前的事實；綠意盎然的小徑，當然比土路或碎石路更賞心悅目。眼看著墓園脫胎換骨，擺脫除草劑讓它日益秀麗，逐漸成為綠意成蔭的寶地。養護人員們，如今也看到自己扮演的角色起了變化。此前，他們的工作非但吃力不討好，也不被人放在眼裡。只有在發現某些工作沒做好時，人們才會想到他們：落葉沒有清理、廁所不乾淨、垃圾桶太滿⋯⋯一切都是養護人員的錯。零農藥政策讓他們能提升自身工作場所的美學，也讓他們的職業重新成為眾人關注的焦點。他們當然沒有變成園丁，但把除草劑換成割草機的同時，他們的工作也變得更引人注目；經過他們養護的分區總是美不勝收、令人讚賞，而他們也相當引以自豪。到頭來，這四年讓我們學會如何接受激動人心的挑戰：在尊重死亡的同時，也尊重生命。

就我個人而言，多虧逐漸減少使用農藥產品，我才確實發現這片墓地是什麼樣子。墓園小徑上的綠意漸濃，我的視野也變得更加綠意盎然，還有滿園野花繽紛奪目，令人流連忘返：藍紫色調的葡萄風信子、鮮黃欲滴的百脈根、橙艷動人的金盞花和氣味難聞的蜥蜴蘭。現在的墓園充滿鄉野自然的氣息，我也越漸意識到自己何其幸運，能生活在一個充滿生物多樣性的空間裡，而且也它還夾在塞納河畔伊夫里和克里姆林—比塞特（Kremlin-Bicêtre）兩個城鎮的社區住宅大樓之間。

提到野花，不免想到昆蟲、蝴蝶和蜜蜂。一個新的生態系統正方興未艾。然而我力薄才疏、對動植物和樹木知之甚少，無法完全衡量當前正在發生的變化。葬儀業務才是我的專業領域。在與皮耶爾邂逅之後，我的視野才得以煥然一新；他住在巴黎的13區，經常來巴黎伊夫里公墓觀察鳥類。我們在墓園小徑裡相遇時，這位熱心的鳥類學家花了很多時間向我講述他的觀察，以及這些結果對生物多樣性有多重要。我很快就明白，生活在墓園裡的動物是很不尋常的，因此我想進一步瞭解牠們。當我在墓園四處閒晃時，我不再只看到墳墓，而是會抬頭觀察在樹與樹之間飛行的山雀、椋鳥、烏鶇、環頸鸚鵡、啄木鳥和其他鳥類。

我們在二〇一五年全面停用農藥除草劑。機緣巧合下，我和妻子在這一年結婚，然後出發去度蜜月。為了盡可能留下更多珍貴回憶，我們特地買了一臺單眼相機。從泰國回來後，我發覺把相機束之高閣實在可惜：何不在墓園小徑上，用它來磨練一下我的拍照技術？慢慢地，我不再使用自動模式，而是根據想要拍攝的場景來調整相機的功能。就這樣，我開始用攝影師的眼光來觀察墓園。一旦以相機鏡頭凝視世界，一切就不一樣了：手持相機的人，會因為不斷追尋美感、構圖、肉眼不易察覺的事物或投注情感表達，而全心感受眼前所觀察到的一切，試圖捕捉完美瞬間。現在我以嶄新的視角來看待一切，無論是墳墓細部、略顯俗氣的家族墓碑、寫錯字的墓誌銘或有秋天感的景色氛圍。我還慢慢嘗試拍攝動物，從昆蟲拍到鳥類，當然也沒忘記墓園裡的貓。拍攝野生動物絕非易事，除了必備無窮耐心，還要能超前部署和靈活反應，這些都是我必須培養

的能力。

二〇一七年，出現了一些讓我喜出望外的新玩伴。巴黎伊夫里公墓經過六年改造，在生物多樣性的助長下欣欣向榮，同時也迎來狐狸一家。這真的太令人驕傲了！我們盡心竭力讓墓園成為一個有生命的地方，而這些大駕光臨的狐狸就是最好的回報。我現在可以在「我的花園」裡拍攝狐狸和它們可愛的狐崽子，而且還有刺蝟、松鼠甚至灰林鴞。真的令人難以置信，卻越來越讓我入迷。我雖然在鄉下長大，但有件事很不合常理：我在鄉下見到的野生動物，從沒像城市這麼多。隨著拍攝成功的照片不斷累積，我覺得若不把它們分享出去、讓人們進一步瞭解墓園在這方面的情況，就太可惜了。我不想獨享這麼豐富的天地。我能對墓園改觀，其他人也可以。妻子始終是個很出色的顧問，有天她出了個主意，建議我使用社群網站：「你應該開一個Instagram」。於是，二〇一七年六月三日，我的帳號「墓園人生」（La Vie au Cimetière）應運而生。

二〇一八年初，我得知蒙帕納斯公墓（Cimetière du Montparnasse）守墓人提出退休申請。在伊夫里公墓做了八年，我渴望有所發展、挑戰管理市區公墓，尤其想探索遺產和旅遊範疇的新問題。管理蒙帕納斯公墓的話，還要管理其附屬公墓，而其中的帕西公墓（Cimetière de Passy）可能是名人密度最高的首都公墓。我向上級主管遞交了申請，希望能雀屏中選，可惜天不從人願。四月初的某一天，我的上司打電話告訴我，他們選了我另一位同事。「好吧，那算了……」不過他又說，拉雪茲神父公墓的守墓人很可能在同一天退休，希望我能去申請這個職位。「啊！這是真的嗎？」

常有人問我要如何成為拉雪茲神父公墓的守墓人，我總是無意識地回答說「機緣巧合而已」，但內心深處卻懷疑：這也許，就是命中註定。我從不認為命運會提前鋪陳就緒，畢竟沒有意外事件的人生也未免太無趣了！但我得承認，在回首前塵往事之際，我確實感覺有一隻無形的手推著我朝這個方向走去，而且還推了兩次！

SPES·ILLORVM
IMMORTALITATE
PLENA·EST
QVI CREDIT IN ME
ETIAMSI MORTVVS
FVERIT VIVET

CH4
旗艦
Le vaisseau amiral

守護巴黎伊夫里公墓的命運之後，我接掌了拉雪茲神父公墓的事務。在即將就任新職之際，一位同事跟我說，我放下了一艘護衛艦的指揮權，轉而接手指揮艦的統帥權。大家都知道，拉雪茲神父公墓是墓園中的墓園、世界矚目的楷模。每當有一篇新聞報導提到某市鎮歷史悠久的墓園，總會以巴黎這座墓園作比喻——漢斯的小拉雪茲神父墓園、瓦朗謝訥的小拉雪茲神父墓園、拉雪茲神父墓園倫敦版、那不勒斯的拉雪茲神父墓園……如果我們一時不察，相信所有有關這些地方墓園或外國墓園的標題，那就好像拉雪茲神父到處都留下了後代。對於一個以神父為名的墓園來說，這未免太搞笑了！

如果說「在當地擁有自己的拉雪茲神父墓園」已成為一項全民運動，這首先可以證明它在公眾輿論中占有崇高地位。關於這一點，從墓園管理處每天收到的申請函中可以看出來。舉例來說，有許多用戶寫信給我們，希望能找到他們某位祖先的墓地，因為他們認為我們手上有法國和西班牙納瓦拉地區（Navarre）所有墓地的檔案。還有許多地方公務員經常打電話向我們尋求《喪葬法》方面的協助；在他們的想像中，我們在喪葬界首屈一指，絕對能為他們的問題找到答案。外國墓園管理員或外交官也有與我們聯繫，希望可以來考察巴黎行政部門如何管理拉雪茲神父公墓（無論旅遊還是遺產保護方面的考察都有）。我特別記得，曾接待過一個專程從韓國飛來的代表團，他們計劃在首爾郊區建立一個墓園。我甚至還陪同過一位來法國進行正式訪問的國家元首，他當時也希望參觀這座公墓。

如今的拉雪茲神父公墓，毫無疑問地已成業界標竿，但它一開始倒也非一帆風順。在這個公墓創建之前，絕大多數巴黎人都葬在散布於巴黎市中心各教區的亂葬坑中。沒有強制使用棺材，也沒有單獨的墳墓；一具具堆疊著的屍體之間，只隔著一層薄薄的土。對巴黎人來說，最重要的是能葬在「聖地」（terre consacrée），並舉行基督教葬禮。墓園並非能讓人來此緬懷逝者的開放空間，而是一個封閉處，被逐出教會的人也無權安葬於斯。這些層層堆疊的遺體，最終引發了嚴重的健康和公共衛生問題……十八世紀期間，醫學知識的發展和對傳染病的恐懼，使公眾開始排斥這些既不衛生又臭氣熏天的污穢之地靠近居住區。巴黎議會著手考慮這個問題，於一七六五年五月二十一日裁決廢除城市公墓，並將其遷移到首都以外。礙於種種原因（尤其遷移墓園的經濟成本和來自既有習俗的壓力），這項裁決遭到強烈反對，成了一紙空文。因此，管理亂葬坑的宗教當局並未在巴黎郊區建立新墓園，而是繼續接收逝者在教區墓園下葬。一般情況下，通常都要等到醜聞爆發，情況才會有轉機。

巴黎的諸聖嬰孩公墓（Cimetière des Saints-Innocents），幾個世紀以來都是巴黎占地最「大」的墓園，面積大約是一百二十公尺乘以六十公尺。這一小塊不到一公頃的土地並非我們今天所知的墓地，而是由多個亂葬坑組成的萬人坑，附屬於諸聖嬰孩教堂。從十二到十八世紀，好幾代巴黎人都葬在這裡。教堂和墓地位於巴黎心臟地帶的巴黎大堂區（Halles），即現在的約阿希姆·杜貝萊廣場（Place Joachim du Bellay）。一七八〇年五月七日，諸聖嬰孩公墓中一處亂葬坑坍塌，倒在隔鄰房屋的地窖中，臭不可當的腐爛屍體之氣一洩不可收拾。隨後這件事激起群情公憤，加上當地居民大量投訴，促使巴黎議會於一七八〇年九月四日發布一項新的裁決：同年十一月一日起，任何人都不得安葬在諸聖嬰孩公墓。稍後的一七八五到一七八七年間，諸聖嬰孩公墓的遺骨被運到一個龐大的納骨塚，也就是後來聞名遐邇的巴黎地下墓穴（Catacombes）。儘管諸聖嬰孩墓地的衛生問題已經解決，但首都其他亂葬坑還要好幾年才正式宣告關閉。實際上，直到二十四年後的一八〇四年六月十二日，法國皇帝拿破崙一世才簽署了法國共和十二年牧月二十三日（即一八〇四年六月十二日）的法令，我們今天所熟知的公墓自此有了正式制度加以規範。這項至關重要的法令，在生者和逝者之間建立了一道實質的分隔，墓園從今以後應設於城鎮之外，「距離城牆至少三十五至四十公尺」。基於此法令，自法國大革命期間開始的墓地世俗化也更確立不移，神職人員不再有權管理墓地，而是交由地方當局負責。根據該法令第三條的規定，市鎮必須遵守以衛生為目標的規畫，也就是「應優先選擇居高臨下之地，朝北者為善，以至少二丈牆之高封之，並種植植物，採取適當的預防措施以避免阻礙空氣流通」。墓穴明確禁止亂葬，逝者宜葬於「兩側相距三至四公寸，頭部與腳各相距三至五公寸」的獨立墓穴中。簡言之，新墓地的定義與舊制墓地截然相反。

在一八〇四年法令頒布的前幾天，城東公墓於一八〇四年五月二十一日正式啟用，按照新法規要求建於巴黎郊外，但尚未完全整理完工。基於歷史角度，巴黎人日後將這座公墓重新命名為拉雪茲神父公墓，是法國第一座符合拿破崙一世要求的新形態公墓。設計巴黎證交所宮（Palais de la Bourse）的知名建築師亞歷山大—泰奧多爾．布龍尼亞（Alexandre-Théodore Brongniart），受省長尼古拉．弗羅紹（Nicolas Frochot）委託，負責設計和佈置這座全新的公墓。布龍尼亞希望保留這個地方的園林景觀，因為這裡曾是耶穌會士昔日休息和度假的場所，尤其是最傑出的耶穌會士，也就是路易十四的懺悔神父弗朗索瓦．德拉蔡斯（François d'Aix de La Chaize）[1]。布龍尼亞保留了一些蜿蜒曲折的小徑、幾許灌木叢以及這個獨特場地的其他樹木，同時將某些墓園小路放寬一倍、規劃出一些大型交通要道，並在這些要道上種下成排樹木，以區隔「人流交通區」與「埋葬專用區」。最後，他還利用墓園依傍夏宏山丘（Colline de Charonne）的地形，修建了臺階和擋土牆。除了在當時堪稱大膽的墓園景觀設計，布龍尼亞還在建築設計上進行了一系列創新，日後也成為這座不規則廣闊墓園的標誌性建築：一個氣勢恢弘的半圓形廣場入口、三個用於放置「代表性紀念建物」的圓形廣場、一個臨時停放靈柩的小禮拜堂，以及最重要的一個金字塔，作為舉行各種宗教葬禮儀式的大型禮拜堂。布龍尼亞自此為喪葬新景觀奠定了基礎。教區墓園及萬人坑，被英式公園風格的大型墓園取代。拉雪茲神父公墓很早就被奉為楷模，許多法國和國外的墓園都深受其啟發。

布龍尼亞於一八一三年六月六日辭世。遺憾的是，他所構思的大型建案未能全數付諸實現，但後繼者從他的作品中汲取靈感，並遵照他的初衷完成設計。由建築師艾提安．依波利特．高德（Étienne Hyppolyte Godde）設計並於一八二一年完工的雄偉入口，就與布龍尼亞原先的設計非常接近。一八二三年，同樣由高德建造的一座乏善可陳的新古典主義風格禮拜堂，取代了布龍尼亞設計的金字塔。真是令人遺憾！想想看，拉雪茲神父公墓差點就有一座金字塔，而且比羅浮宮前的那座還要早！不過，禮拜堂的建材是前述著名耶穌會士故居的石頭，足堪慰藉！從禮拜堂的前院廣場舉目遠眺，不只巴黎的美景盡收眼底，還能遙望拉雪茲神父公墓的主要競爭對手「萬神殿」。此情此景宛如巴爾札克（Honoré de Balzac）在其著作《高老頭》（*Père Goriot*）最後一幕中，拉斯蒂涅（Rastignac）說出的那句「好，現在咱們來較量較量吧」，而巴爾札克本人就葬在離禮拜堂咫尺之遙的地方（第48分區）。最後，雖然布龍尼亞設計的地標性紀念建築從未面

1 譯注：即拉雪茲神父。

世，但兩座壯麗的墳墓坐落在其中兩個紀念建築原址，分別屬於一八三二年的卡西米爾—佩里埃（Casimir Perier）和一八三六年的菲利克斯．德波祖爾（Félix de Beaujour）。

即便如此，拉雪茲神父公墓仍經過數年時間，才形成我們今天所熟知的樣子。首先，雖然一八〇四年的法令已明文禁止，但亂葬坑還是持續了很長一段時間。根據公墓文獻記載，亂葬坑一直到一八七三年十二月三十一日都還存在；值得注意的是，在一八六三年六月一日之後，「免費壕溝」（tranchées gratuites）一詞比「萬人坑」（fosses communes）更常用。這些亂葬坑最初順著梅尼蒙當大道延伸，位於墓園較低處而且地面略微傾斜，過去曾經是耕地。墓園擴建後，亂葬坑被分散到墓園其他分區，尤其是現在被稱為「高原」的分區，因為那裡地勢平坦，與公墓的古老部分相反，後者非常陡峭。在一八一八年七月二十日以前，埋葬在亂葬坑中的逝者姓名都沒有登記在公墓登記簿上，也因此第一個埋葬在拉雪茲神父公墓亂葬坑中的人是什麼身分，至今仍是一個謎。第二種埋葬方式是「臨時墓穴」，根據一八〇四年的新法令規定，使用期限為五年。根據紀錄，第一個被埋葬在這種個人墓穴裡的，是一名五歲小女孩阿德萊德．佩拉爾．德維爾納夫（Adélaïde Paillard de Villeneuve），下葬日期為一八〇四年六月四日；如今她的墳墓已被重新利用，不復存在。第二個被埋葬在臨時墳墓中的人是夫姓為羅伯特的荷娜．費韋斯（Reine Févez épouse Robert），下葬日期為一八〇四年六月十八日，她的墓碑至今仍位於第60分區，在環形大道邊緣；雖然墓碑已從原址被複製過，但仍是墓園現存最古老的墓碑。第三種可能的安葬方式是

「特許權墓地」（concessions funéraires），這項優惠提供給那些「不管捐贈市政當局多少錢，仍願意為窮人和醫院提供資金或捐款」，以及「希望擁有一個獨特和獨立的地方，以便安葬自己及其父母或繼承人，並在此處建造紀念性墓穴或墳墓」的人。並非所有巴黎人都有能力採用這種埋葬方式，只有最富裕的人才負擔得起。特許權墓地位於公墓的丘陵地帶，樹木鬱鬱蔥蔥，如今被稱為「浪漫區」，景觀如同英式花園。第一位被特許葬於此類墓地的逝者是皮埃爾．雅克瑪律（Pierre Jacquemart）於一八〇四年七月九日下葬；如其墓碑所示，他是貼現銀行（comptoir d'escompte）的創始人之一。這個墓地位於第29分區，至今仍由其後代維護，根據法國共和十二年牧月（Prairial An XII）二十三號法令規定，這可能是法國最古老的特許權墓地。

儘管新的法律架構與布龍尼亞設計的景觀特色齊具，但大多數巴黎人對城東墓園仍舊興味索然。人們對於死亡，或者更確切地說，與逝者之間的關係煥然一新。逝者不再安眠於城市中心，而是在城市之外，接近貧民與一般住宅區。去墓地祭拜逝者還需要一定的籌備安排，尤其人們朝拜逝者的習俗並非根深蒂固。因此，公墓早期的主要功能是衛生考量，這也與一八〇四年的帝國法令所企盼的一致：每天有二十到二十五名來自塞納河右岸的逝者被埋葬在萬人坑裡。只有少數巴黎人利用新法規為逝者修建墓地，而且通常都極為樸素。特許權墓地依然是罕見的例外。直到一八一七年才出現第一個轉捩點……

一八一六年十二月十八日，一項皇家法令決定關閉由著名考古學家亞歷山大．勒努瓦（Alexandre Lenoir）創辦的法國古蹟博物館（Musée des Monuments Français），將其占用的建築用於巴黎國立高等美術學院。這個博物館收藏了一些名人的墓塚，因此必須迅速為他們找到新的歸宿。拉雪茲神父公墓顯然是安放傑出人物的理想場所，於是決定將莫里哀（Molière）和拉封丹（La Fontaine）的遺骨移至此處，並於一八一七年三月六日正式遷葬。這兩位劇作家和寓言作家，從此在同一塊圍起來的墓地中安息，並排躺在兩座各自表彰其豐功偉業的墓碑之下。

公墓裡的莫里哀和拉封丹遺骨，是真的嗎？

事實上，沒有證據能說明這是真的；相反地，能證其為偽。莫里哀在一六七三年二月二十一日夜晚於聖約瑟夫公墓（cimetière Saint-Joseph）入土為安，而拉封丹則在一六九五年四月十四日下葬於諸聖嬰孩公墓。一七九二年七月六日，從聖約瑟夫墓地公開挖出兩具遺骸，以待法國古蹟博物館建立之後移靈入內。然而，拉封丹並未被埋葬在這個公墓，因此躺在他現在墓穴裡的是一具無名氏的遺骸。至於莫里哀，其遺骸並非在最初的葬地被挖出，而是在同一公墓的另一處，因為當時他的屍骨下葬沒幾天就被遷走了。

因此，莫里哀的遺骸被安放在拉雪茲神父公墓的可能性微乎其微（尤其聖約瑟夫公墓內的一些遺骨，早在一七八七年就開始被移到巴黎地下墓穴，直到一七九六年公墓關閉為止）。經過謹慎思量，目前在拉雪茲神父公墓長眠的莫里哀遺骸，可能只是人們一廂情願的假設罷了。然而，無論這些遺骸是否屬於這兩位天才，其墓地都是參觀人數之最，而這些地方的存在也是為了緬懷其生前英名，並祈願他們的生平傑作流芳百世。

哀綠綺思與阿伯拉（Héloïse & Abélard）這對充滿傳奇色彩的戀人，其遺骨於一八一七年十一月六日被遷葬於拉雪茲神父公墓內，位於一座引人注目的開放式新歌德風格小禮拜堂之下。他們分別於一一六四和一一四二年辭世，是墓園中最年長的逝者。墓石上雕刻的死者臥像，將這對被詛咒的中世紀戀人雕鑿成相依而臥的景象。哀綠綺思和阿伯拉的遺骸在來到拉雪茲神父公墓之前，已經歷過多次有據可考的搬遷，因此其真實性毋庸置疑。根據一九八三年十一月十四日頒布的法令，哀綠綺思與阿伯拉的小禮拜堂與莫里哀和拉封丹的陵墓一樣，都已被列為歷史古跡。

將劇作家、寓言作家和傳奇戀人的遺骸遷移到拉雪茲神父公墓，其實只是因為法國古蹟博物館關閉而歪打正著的意外收穫，卻常被形容為「天才的行銷活動」。無論如何，名人遷葬仍在巴黎市民中轟動一時，並大大改變了他們對墓園的看法。事實上，在一八一七這一年，作曲家艾蒂安．梅於爾（Étienne Méhul）和安德烈．馬塞納（André Masséna）元帥等其他名人都相繼安葬於此。次年，波馬謝（Beaumarchais）也被迎進公墓。他原本於一七九九年被葬在自宅花園裡，門前的大道還以他為名，後來巴黎市政府買下了他的房產，只得將其遷葬到拉雪茲神父公墓。從此在巴黎市民中掀起了一股熱潮，越來越多人希望取得一塊特許租賃墓地來建立家族埋葬之所，並與世界名人同眠。這種祭拜逝者的新習俗帶來日益增長的墓地需求，拉雪茲神父公墓因時制宜地進行了五次擴建，直到一八五〇年才達到目前的面積（四三．二〇公頃），與梵蒂岡的面積不相上下。

這麼說來，還差一步我就可自詡為殯葬界的教宗，但我可不打算逾矩。

CH5
一頭栽進殯葬業
Tombé dans la marmite funéraire

「您怎麼能在如此陰森的環境下工作？一定很可怕吧！」對我說這句話的人，當時正向我購買特許權墓地的使用權。她問我這個問題時，我們正在討論一些風馬牛不相干的事情，就好像她突然抑制不了衝動，迫切地想知道我為何選擇守墓人這個職業。我幾乎不得不為自己辯解，向他說明我工作上的各個層面，告訴他我認為自己真是三生有幸，工作的地方堪稱殯葬藝術的世界典範。我也試圖讓她明白，我主要接觸的都是活生生的人；他們來自各行各業，各有不同背景。總之，與活人接觸比親近逝者更充實，無論後者的名氣有多大。

看來我的論據十足蹩腳，因為我幾乎沒有說服她。那個人甚至拒絕接過我在談話結束時遞給他的地圖和名片，說是害怕把這些東西帶回家會「讓她家不乾淨」。我沒有因而感到不快，因為死者家屬總是無可厚非，難以苛責。如果我告訴她其實我和妻兒就住在墓園，或我父母已經在做這一行……我不敢想像她會有什麼反應。確實，我小時候就一頭栽進殯葬業了。

「今天沒人死掉嗎？」這是我童年時期最常聽到的其中一句話。父親每天下班回家都會對母親這麼說，但他並非對死亡懷有病態熱情，也不是什麼警探或酷愛收集訃聞的人。他只是一家喪葬用大理石製品公司的主管，而逝者在他的工作中是一種常態。

我父母在塞納—馬恩省的塞納河畔布賴（Bray-sur-Seine）經營加洛大理石公司（Gallot）長達三十年的時間。這個小鎮位於法蘭西島的偏遠地區，介於普羅萬（Provins）、蒙特羅（Montereau）和桑斯（Sens）之間。一九九〇年，他們從我祖父母手中接過了最初由我曾祖父所創建的公司。所以這是一間家族企業，個人生活和職業生涯始終在此緊密交錯，因為大理石廠的店面與我們的住家一體相連（同一棟樓、同一地址）。我們的客廳與店面之間只隔著一扇門，父母就在那裡接待前來諮詢建造墓地或安裝墓碑事宜的顧客。自家客廳就是他們用來草擬報價單、打電話給供應商和做賬的辦公室，在我們經常坐著看雜誌或看電視的沙發後面。這種混淆不清的狀況甚至也會出現在電話上：由於「加洛大理石公司」和「加洛家族」的電話號碼是同一支，因此當我的朋友打來時，如果是我母親拿起話筒，他們就會聽到「加洛大理石公司，您好」的聲音。

住家外面的狀況也差不多：我和哥哥以及朋友們經常玩耍的花園，就毗鄰大理石公司的室外展示區，那裡陳列著大約十五塊墓碑。雖然當時我還沒有住在墓園裡，但我已經開始每天和墳墓打交道了。

父母與殯葬業關係如此密切，使得我和我哥免不了有一些不得不遵守的規則；我們的行為無論如何絕不能損害大理石公司的可靠性和專業聲譽。第一條規矩就是商店有客人時要保持安靜，因為如果我們在客廳裡大聲說話，喪家可能會聽到。但是，就像所有相親相愛的兄弟姊妹一樣，我們也喜歡吵架跟打架。我記得有一次母親被迫暫停與顧客的商談，過來把我們拉開，並用一種我們很少見到的嚴厲眼神命令我們立即停止爭吵。

在室外的花園裡，我們同樣需要保持安靜：如果爸媽帶客戶參觀展示的墓碑並讓他們做挑選，我們就得停下活動進到屋裡。來自喪家的沉重能量和父母的專業態度，都讓我們心生敬畏。不需要提醒我們停止踢足球或打籃球，我們就會自動自發地收手，如此喪家在參觀墓碑時，也能在我們的花園裡感受墓園的寧靜氣息。挑選墓碑並不是一件令人愉快或激動的事：要不是為剛逝去的親人購買，就是提前為自己入手。這些情境總是莊嚴肅穆，而我父母的客戶在挑選墓碑時，也迫切需要寧靜安詳的氛圍。「是拉克拉黛（La Clarté）的粗粒粉紅花崗岩，還是拉內蘭（Lanhélin）的灰藍花崗岩？」買主通常會回答：「我們想要樸素一點。我們從不喜歡招搖示眾。」在小村莊裡，標新立異的東西不太被看好。

提前為自己購買墓地的人，從來都不急於享用，而是投資未來（雖然在有生之年也享受不到）。有些人試圖用幽默的方式，諸如「越晚越好」或「我們不急著搬進我們的新別墅」來緩和氣氛。我父母經常聽到這些話。

「今天沒人死掉嗎？」父親之所以經常問母親這個問題，是因為他得到的回答很可能會打亂他的工作計畫。死亡可是天大的事，有時不得不打斷手邊正在進行的工作、緊急建造一個墓穴，才能在法定期限六天內安置死者。他也只能不斷調整、重新安排工人的時間，來滿足法律的要求。死亡無法未卜先知，葬禮也不等人。這個問題不只是務實，也是我父母彼此簡單交談幾句關於逝者的機會，畢竟他們幾乎都認識。不只因為塞納河畔布賴是一個只有兩千居民的小鎮，鎮上所有人遲早也都需要殯葬大理石廠的服務——這可能是少數大家不想去，但不得不去的商店之一。所有家族都會光顧我家商店並認識我母親；所有家族經常參加葬禮，因此也會在當地墓園遇到我父親。這就是為何他們對往生者都有一兩句話好說。「杜邦．德穆伊先生？我上週在杜宏先生的葬禮上碰到他太太。我不知道他病得這麼重。」「瑪丹．德穆索夫人？啊，她人真的太好了！你還記得嗎？三年前我們安葬了她先生，她的鄰居告訴我，她一直還沒走出來。」「布蘭克夫人的兒子？他年紀不算大啊，這麼年輕就中風啊……真是嚇死人！應該會有很多人出席葬禮，你跟牧師確認葬禮時間了嗎？」有時候我父母會問我：「你還記得佩蒂夫人嗎？她是吹管樂小號的尚恩的妻子，昨晚去世了。她生前很喜歡你。」

「今天沒有人死掉嗎？」雖然我們兄弟每天都會聽到這樣的問題，但父母在客廳（或有時在餐桌用餐）時的主要話題，都是令人開心的。我們絮絮叨叨、雜七雜八地談論著這些事：本週葬禮、最新撿骨報價單、下午葬禮訂購的花束、要交給殯儀館的棺材牌匾、要建造的墓穴深度、客戶希望在墓碑上寫的「致我們的岳母」之類的題詞、務必在諸聖節前重新製作的雕刻、來自塔恩地區（Tarn）的運輸公司預定翌日交付的墓碑等。

某些人可能這樣認為：童年時期處於喪葬氛圍，會讓我心裡有陰影。事實上，父母在餐桌上討論死亡對我而言是完全正常的事。所有父母都會在孩子面前談論他們的職場生活，這是不可能完全劃清界線的。除非你是情報機構的間諜，不然我們總是多少會把工作帶回家，也因此我爸媽做的事與常人無異，沒有人能責怪他們。如果我們家與大理石公司不是一體相連，也許我會覺得他們的世界很奇怪；倘若是那樣，我就沒有機會全面瞭解他們的日常，以及他們所涉及的嚴肅主題。現在回想起來，正因為我住在葬儀社裡成天看著父母經營葬儀事務，才不會在玩任天堂魔術方塊時，因為他們必須處理死亡問題而感到不自在。

後來在我青少年時期，我和父親會在學校放假時一起去塞納河畔布賴的墓園工作。這些冷冰冰的礦石墓園通常位於城鎮外圍的荒郊野外，毫無生氣與魅力。墓園裡沒幾棵樹，小路鋪著碎石，有時在中心位置會有一座戰爭紀念碑。充當澆水壺的洗衣粉舊桶子，胡亂地堆放在墓園入口唯一的水龍頭旁邊。運氣夠好的話，還能找到土耳其蹲式廁所。否則只能在附近田野裡上廁所。我就在這種奇異的環境當中，以工人之姿協助父親與他的工人們挖掘墓坑和墓穴，或豎立墓碑。

我喜歡那些遠離城市喧囂的荒蕪墓地所散發的氣息。在那裡，我學會製作水泥的技藝、使用鐵鍬時要屈膝、耙地時要挺直腰桿，還在我父親同意的情況下學會操作吊車的控制桿。

我們總會遇到至少一位村民，他們會趁機和我父親聊個兩句，尤其是想探聽最近有誰蒙主寵召。墓園是社交的必經之路——人們會聊到往生者和村裡的最新八卦，而我也因此學到瞎扯淡的聊天藝術、在談論逝者時神情肅穆，也學著總說些好話。同樣地，在我父親同意的情況下，用插科打諢來緩和氣氛。

與死亡的親密接觸從未讓我感到不合常理。今天我甚至可以斷言，我的童年其實很普通。我父母交友廣闊，他們的友人從未向社會服務機構舉報什麼；我的社交生活沒有受到任何限制，同學也從不因為我家做殯葬業而對我冷嘲熱諷，更不曾覺得自己需要渲染某些身分，比方以哥德次文化造型做打扮或對僵屍電影表現無比熱情。總之，身為村裡的殯葬大理石公司之子與屠夫之子，人生並沒有多大不同。根本沒人在乎，尤其是我自己。

即使在這樣一個非典型環境中長大，我也從未想過要從事殯葬業或接管家族企業。爸媽沒有對我施加壓力。由於我成績優秀，他們也鼓勵我繼續深造。我雖然決定去讀大學，但並不知道自己真正想做什麼；而我選擇修習法律，也只是因為這是個相對通用的學科。

人們總說，法律能通往任何領域……

CH6
深受時尚之害者
Victimes de la mode

根據一八〇四年拿破崙頒布的法令，特許權墓地是例外而非常規，只保留給富裕階層，但這些墓地日後卻逐漸取代鄉鎮義務提供的「五年期免費公共墓地」。一八七四年一月一日起，永久墓地特許權成了拉雪茲公墓唯一的安葬方式，因為巴黎市政府決定，今後只有巴黎市區外的墓園允許將往生者安葬在臨時性特許權墓地。這是一個轉捩點：墓園成了精英墓園，僅開放給有能力支付永久墓地特許權的人。這種情況一直持續到二〇〇三年，當時又向巴黎家庭提供其他更短的使用期限。

人們對墓地特許權的執迷，與殯葬藝術的發展齊頭並進。儘管一八〇四年的新法規允許建造墓穴，但最初的墓穴都非常簡陋，大多只是在一個小花園裡豎一塊墓碑罷了。

殯葬藝術從十九世紀下半葉開始進入黃金時代：名門望族摒棄一切樸素從簡的觀念，紛紛建造氣勢恢宏的墓碑，以展現其社會地位並慶賀人生飛黃騰達。雨果在《悲慘世界》（*Les Misérables*）一書裡這麼寫著：「能安葬在拉雪茲神父公墓，就像家裡擁有一套紅木傢俱一樣。優雅考究，一望而知。」

最能代表這個時期的墳墓為「殯葬小禮拜堂」造型：那是一種在當時蔚為時尚的小型宗教建築，建立在可容納同一家族所有成員的墓穴之上，裡面設有供來訪者緬懷冥想的祭壇和祈禱用小跪凳。第一座殯葬小禮拜堂，隸屬於與普魯斯特淵源甚深的葛瑞芙勒（Greffulhe）家族，由布龍尼亞親自操刀設計。在這之後，殯葬小禮拜堂如雨後春筍般不斷出現，而墓園景觀的改頭換面也讓植物草木空間大幅減少。巴黎在第二帝國大刀闊斧的都更改革下，出現許多奧斯曼建築（immeubles haussmanniens），拉雪茲神木墓園也連帶經歷類似的變化，殯葬小禮拜堂沿著林蔭大道完美排成一直線。

雖然公墓依舊具有衛生功能，但在巴黎人心裡，緬懷先人的功能逐漸占據上風。隨著宗教信仰慢慢式微，人們對死後世界不再寄予希望，而公墓今日的主要作用便是幫助人們走出喪親之痛。我們盡量不讓親人消失在回憶裡，這尤其要感謝墳墓提供了有形的依託，還有那些看來矯揉造作的葬儀排場。一切精心設計，都是為了讓逝者永存於我們的記憶，就好像逝者繼續與我們長相左右；既然可以用掃墓、獻花等簡單舉動來表達我們的愛，那些親人們就不會完全消逝，而生者也能明白死亡終將讓我們與所愛之人團聚。

若死後真有來生，不就是繼續活躍在生者的記憶當中嗎？德爾菲娜．奧維勒爾（Delphine Horvilleur），這位女性拉比在她的著作《與逝者共存》（*Vivre avec nos morts*）中提醒我們，墓園在希伯來語中的意思是「生者之家」。我認為這個描述非常貼切：墓碑和上面的銘文，讓逝者在我們的回憶中獲得了「第二人生」。只要這世上還有人能想起他們，他們就不會在一片虛無混屯之中消逝。一九七四年六月六日，端木松（Jean d'Ormesson）在法蘭西學院的就職演說中對此作了完美的概述：「有一種事物比死亡更強大，那就是離世者依然存在於生者記憶中，並將那些已不在世之人的名聲、榮耀、力量與喜悅傳給尚未問世之人，如此，他們將永遠活在那些懷念者的心中」。

如同墳墓之石會隨時間流逝而風化瓦解，無論這場與遺忘之間的角逐多麼值得讚賞，難道不也是鏡花水月般的虛幻？政治、軍事、工業、科學和藝術精英們，很早就試圖擺脫這種無法逃避的命運。為了不被人民集體遺忘，也為了讓屬於他們的記憶流傳千古，氣派非凡的紀念陵墓拔地而起；有時為了向他們致敬，還會加上幾尊他們的半身或全身雕像。殯葬藝術應運而生，似乎只有這種藝術才能真正戰勝死亡，留下永恆的印記。對後世名聲的癡迷，因而成了創

作傑出警世作品的藉口，例如夏普（Chapu）在丹尼爾．斯特恩（Daniel Stern）[1]墓前創作的《思想》（*La Pensée*）、夏普在尚．雷諾（Jean Reynaud）墓前創作的《不朽的天才》（*Le Génie de l'Immortalité*）、普列奧爾特（Préault）在雅各．侯布萊斯（Jacob Roblès）墓前創作的《沉默》（*Le Silence*，羅浮宮與卡納瓦雷博物館各珍藏一件他的石膏作品）、聖．馬可斯（Saint-Marceaux）在皮埃爾．蒂拉爾（Pierre Tirard）陵墓前創作的《責任》（*Le Devoir*）、梅爾西（Mercié）在儒勒．米什萊（Jules Michelet）陵墓前創作的《歷史》（*L'Histoire*）、巴里亞斯（巴里亞斯）在建築師安湍．蓋里諾（Antoine Guérinot）墓前創作的《痛苦》（*La Douleur*）。諸如此類。

墓園裡的墓碑有著各種風格，從簡單的半月形墓碑到哥德式小禮拜堂，再到古代的石棺，應有盡有。與上述作品如出一轍，許多墓碑都是出自歐仁．維奧萊—勒杜克（Eugène Viollet-Le-Duc）、路易．維斯康蒂（Louis Visconti）等知名建築師，還有大衛．昂熱斯（David d'Angers）、阿爾貝．巴托洛梅（Albert Bartholomé）、勒內．德聖馬可斯（René de Saint-Marceaux）、朱爾斯．達魯（Jules Dalou）、安托萬．埃特克斯（Antoine Etex）等當時最有影響力的雕塑家之手。從這個角度來看，拉雪茲神父公墓不僅是偉人長眠之地，也是一個露天博物館。全身雕像、墓碑臥像、半身雕像和其他浮雕，都為拉雪茲神父公墓憑添許多人文氣息。墓園中隨處可見這些人形雕塑，其中許多已成為我熟悉的老朋友，在這個迷宮般的空間裡具有地標作用。它們的存在讓人感到安心；時間對於這些恆常定格的身體似乎一籌莫展，不像植物草木那樣隨季節變化而有不同姿態。他們的臉都有一個共同點，就是會沒來由地讓人目不轉睛；我每次凝視他們時心頭難免悲從中來，很可能是因為他們的表情裡沒有半點喜悅。半身雕像通常眼神嚴肅，而其他全身雕像則低垂著眼皮、面帶愁容……更不用說女像柱和其他哭泣女雕像，她們哀傷的面容讓人不禁想起那些長眠於地下之人，隨之哀痛欲絕。就像化學家拉斯帕伊（Raspail）的墳前情景，他那披著裹屍布的妻子泣不成聲地與他告別，一隻手還緊緊抓住囚禁他的牢籠柵欄。這些作品所散發的莊嚴氣息，賦予拉雪茲神父公墓一種神聖氛圍，使參觀者如同身處博物館或大教堂裡，保持一定程度的自我克制。

二十世紀的墓碑製造走向工業化，如今創作這類作品純屬例外。即使是富裕之家，也很少希望擁有裝腔作勢的墓碑，因為虛華不實已被棄置一旁，而樸實無華才是時尚。我們可以視這種死後的謙恭之姿為令人欣慰的民主化跡象，亦即在死者之間建立起某種平等：無論我們曾是什麼、做過什麼，最後都將葬身在差不多的墳墓裡。

在以「非比尋常的墓碑」聞名的墓園裡擔任守墓人，我對這種保守的殯葬排場感到頗為可惜。若非某天富人因狂妄自大而建造這種「充分符合其盛氣凌人之姿」的墳墓，拉雪茲神父公墓就不會成為令人矚目的非凡之地。這種一致化的現象不僅限於拉雪茲神父公墓，所有法國墓園皆然。如今所有墓碑都是制式的，通常在中國或印度的工廠大量生產，而這種趨勢讓墓碑看起來就像郊區獨棟住宅群：在這些千篇一律、沒有靈魂的區域裡，房屋的建築形態就是不斷複製貼上，毫無趣味可言。沒人會想去這些郊區探險，因為它們的唯一功能就是為住戶提供能睡覺的地方而已。同樣的道理，墓園也逐漸失去它的魅力，除了為埋葬在那裡的人提供一塊安葬之地，幾乎沒有其他功能。墓碑也沒什麼象徵意義，就是刻上逝者的名字來標示其已離世。墓園一點一點地成為枯燥乏味之地，無論生者或死者都不願意前往。有些人寧可把骨灰揚於大海（比方他們最喜歡的度假勝地附近）也不願葬於毫無生氣的高牆之內，對此我們又怎能不感同身受？

可惜的是，地方政府無權對付乏善可陳與平凡庸俗的殯葬藝術。他們無法規範墓地美學，也不能干涉墳墓形狀和所用材質。某些市政當局從公共區域著手，試圖打破一字排開的制式墓碑所帶來的單調乏味：在小徑上鋪設草坪、修建花壇和種植樹木。這些高明做法值得嘉許，因為在某些情況下，這麼做反倒能造就植物蓊鬱繁茂的美麗景觀，讓墓園成為真正的安寧之所；生者可以在此漫步，而枝繁葉茂的植物也有助於營造靜心冥想的寧靜氛圍。

為保墓園內景觀品質免於任何嚴重破壞，拉雪茲神公墓受到一系列特別法的保護。一九六二年十二月十七日起，墓園中最古老以及風景最別緻的區域被列為「國家分類遺址」保護著。墓園的另一部分（包括最新分區），則從一九七五年八月六日法令頒布以來，就被列為「國家列名遺址」。這些措施實際上是為了讓拉雪茲神父公墓永遠維持原貌，而不會與任何其他墓園相仿。

所有新建墳墓，都得事先獲得法國建築設計師機構（Architecte des Bâtiments de France）的批准；該團隊旨致力保護文化遺址的景觀與歷史風貌，必要時會毫不留情地否決或修正某些建築計畫。不過，如今在此購買墓地的家庭，大多都會順應建造素雅墓碑的整體趨勢，據他們說是為了符合逝者形象。事實上，出自名家手筆的藝術設計方案，早已如鳳毛麟角般罕見。

露天博物館

拉雪茲神父公墓不只是文化遺產，也是名副其實的殯葬藝術陳列館，本身具有兩個國家等級的保護制度：

◆ 國家分類遺址（Patrimoine Classé）：有十三處古蹟被列為歷史遺址，受到最高級別的保護——巴黎公社社員牆（Mur des Fédérés）、正門入口處的半圓形建築、東小禮拜堂、雕塑家阿爾貝．巴托洛梅的逝者紀念碑以及九座墳墓（其中包含王爾德、莫里哀、拉封丹、哀綠綺思和阿伯拉，以及蕭邦的墓塚）。

◆ 國家列名遺址（Le patrimoine inscrit）：由建築師尚．卡密爾．福米傑（Jean Camille

Formigé）設計的火葬場和納骨塔，自一九九五年起被列為歷史古蹟。位於第1至58分區、65至71分區和91分區所有一九〇〇年以前建造的墓碑，也都被列入古蹟名錄，共計約三萬座墳墓。擁有這些古蹟墳墓的家庭，如果沒有事先徵得歷史古跡區域保護部（Conservation régionale des monuments historiques）的同意，就不可以對墳墓進行任何改建工程。

不過，近年來，拉雪茲神父公墓也有極不尋常的企畫，這讓遊客們感到好奇之餘也為之著迷。尤其是攝影師安德烈．沙博（André Chabot）的作品，他修復了一座廢棄的小禮拜堂，並在其中安裝一臺巨大的黑色花崗岩相機。掃一下小禮拜堂門面上的二維條碼，就能連結到這位藝術家的網站「亡靈都會之憶」（La Mémoire Nécropolitaine），裡頭有令人嘆為觀止的相片集錦，而且全都是關於……墳墓。由拉雪茲神父公墓高處再往上走一點，就是退休藥劑師尚—路易．薩雪（Jean-Louis Sacchet）建造的陵墓，滿滿的原創風格。醉心於埃及學（Égyptologie）的他建造了一座金字塔，並在內壁繪製壁畫和象形文字。不出眾人所料，他還真的在《解放報》上公開宣稱，想在大限之日以非常具體的步驟將自己製成木乃伊。二〇二一年，則有小說家維奧萊納．瓦諾依克（Violaine Vanoyeke）在墓園安置一座真人大小並以卡拉拉的白色大理石製作的自身雕像，效果可謂十分顯著，如今墓園訪客都稱她為「白衣女郎」。

這三個別出心裁的特例令人嘖嘖稱奇，而在這三座主人依然健在的墳墓前，我們會不自覺地捫心自問：如果我們也依樣畫葫蘆，在往生之前設計自己的墳墓，那長什麼樣？很少有人真的問過自己這題，畢竟想到自己的墳墓，就會想到自己離世。那也意味著，我們必須設想前面提到的「第二人生」，想想在活得比我們更久的人們的記憶中，我們究竟要留下什麼樣的印象。

1 譯注：德法浪漫主義作家與史家瑪麗．達古爾特（Marie d'Agoult）的筆名。

CH7
非比尋常的職位
Un poste atypique

就這樣，我在十八歲那年離家，住進默倫（Melun）的大學宿舍。我拋下殯葬大理石的世界，投身法律領域長達五年的時間。那是充滿熱情的時光，我學習著規範我們社會生活的各種法律規則，並在二〇〇四年順利完成大學課程，獲得了巴黎第二大學─先賢祠─阿薩斯大學的《文學、藝術和工業產權法》高等深入研究文憑（DEA）。

接下來的兩年裡，我踏入視聽行業法律部門的工作領域，擔任公司內部的法律顧問，經歷一連串薪酬偏低的實習和短期約聘（CDD）。這份工作相當吃力不討好，我得預防公司空轉、為導演的熱情踩剎車、取得拍攝所需的授權、提醒不尊重版權或肖像權的訴訟風險等。只能說，公司的法律顧問確實不好相處，但我們又少不了這個角色。

雖說工作並不枯燥，但我很快就意識到職場的殘酷現實；比起我剛脫離的學術領域，這實在算不上有趣。輕微的不安逐漸襲上心頭……我並沒有在工作中找到真正的樂趣，腦子裡還充滿了疑慮，沒多久我便想轉換職場跑道（畢竟我還很年輕，還有大好人生等著我）。於是，我報名參加了巴黎市的行政考試並順利通過；我在大學時期本就喜歡行政法，而且公共服務所傳達的價值觀似乎才符合我的期待。由於我的考試成績名列前茅，所以可以申請的職位空缺還不少。然而，我的招聘面試官在面試一開始就堅持向我介紹一個他親自挑選的工作，因為他覺得根據我的法律背景，我似乎是這個職位的天選之人。從他煞費苦心並字字斟酌的介紹裡，我明白他為何鐵了心也一定要把一位行政考試錄取者分配到這個職位上。「這是一個非典型職位，沒有多少人願意申請，但它真的是非常、非常有趣的工作，所以我鼓勵你去應聘。你的法律背景應該非常符合該部門的需求……」我想知道這個如此特別的職位到底是什麼，能讓這麼多應聘者望之卻步。在好奇心的驅使下，我問了面試官期待已久的問題：「所以這個工作是關於……？」這位巴黎市政府招聘官員仍尷尬地撇著嘴，眼神有點閃避不定，繼續介紹了一陣之後才終於告訴我，這個職位就是「墓園管理處墓位辦公室副主任」。「您的辦公室，就在拉雪茲神父公墓。」

那一刻起，我就確定自己轉換職場跑道是對的。我的眼睛發亮、嘴角綻放燦爛笑容，甚至還不知道具體任務內容，就毫不猶豫地回對方說我「非常有興趣」。我面前這位先生臉上露出驚訝的表情，說我是第一個同意申請這個「非常棒的職位」的人，並不停地稱讚這份工作的優點。他語速加快，似乎擔心我會反悔，但我向他保證這份工作對我來說「簡直完美」，因為我父母就從事殯葬業，而我也真的很想應聘。招聘流程規定我必須申請三個空缺職位，所以我不得不遞出另外兩個行業的求職申請，但這就只是走個形式；即使還沒有參加這份「非典型但非常有趣的工作」的面試，我也已經非常確定它非我莫屬。

走出招聘會現場，我立刻打電話給我爸媽：「猜猜他們給我的第一份工作在哪？酷斃了！」雖然我給了很多提示，他們還是猜不到。和其他人一樣，他們也不知道像拉雪茲神父公墓這樣的墓園裡會有辦公室，更不用說他們的兒子會在巴黎從事殯葬業。當我告訴他們這個消息，他們簡直不敢相信自己的耳朵，也和我一樣驚訝於命運的奇妙安排。

我是唯一申請這個非典型職位的人。沒有人願意加入公墓部門的行列，因為在人們眼中，這裡毫無前途。「你為什麼要把自己葬送在那裡？」一個同梯錄取的同事開玩笑地對我說：「那是本市最爛的部門之一欸！」真相大白，我很快就懂了：原來在許多同事心裡，殯葬業的形象並不光彩。雖然我從小並未因此吃過苦頭，但對於投身這個行業的想望，這還是頭一遭有人對我提出令人不快的意見。我絕大多數的同事都志在財務或人力資源部門，這可比管理巴黎公墓附屬公園、花園和綠地的部門更有聲望，而且據說公墓單位的獎金也不太誘人。我選擇成為巴黎市政府公務員，倒不是為了獲得職業成就或豐沃高薪……不，我是為了賦予自己的生活意義，墓園恰恰

是實現這個目標的最佳場所。

與其他招聘過程大同小異，這場面試由墓園部門主任和他的副手負責。我們馬上就互相心領神會：我那「殯葬大理石師傅之子」的身分很快就搬上檯面，所以無須向我解釋什麼是墓地特許權、墓穴、墳墓、諸聖節或尊重喪家的重要性，這些我早就知道了。我尤其感受到，他們在談及自己管理的部門時充滿熱情。我意識到他們從事的不僅是一份工作，而他們在我面前談論的是他們畢生的事業。這種熱情非常具有感染力，面試結束時我告訴他們，我迫不及待地想快點加入這個部門。在我的職業生涯中，我經常感受到殯葬專業人員所傳遞的熱情。很少有哪一行能以此自豪。

二〇〇六年五月九日，我來到拉雪茲神父公墓，首次踏入巴黎公墓的奧妙領域，並在接下來的四年裡擔任墓地特許權辦公室副主任。該辦公室相當於巴黎二十家公墓的法律部門，負責協調與實施殯葬法規，並監督六十三萬四千個墓地特許權的轉讓事宜。辦公室主任在我到任時剛被調到另一個部門，而他的職位也懸缺了幾個月，因為和當初招聘我的職位一樣都遇到困難。我只好自力自強，在四名葬儀接待員的協助下，學著管理墓地特許權辦公室。

就像我在私營部門的經歷，這份新工作也有吃力不討好的一面，而這大概就是法律的本質：

我不可能讓各方都滿意。最糟的是，我不得不拒絕一些下葬的要求，因為往生者沒有權利葬在他們親人打算安葬他的墓地裡。向喪家解釋這一點需要點技巧，措辭和語氣的掌握也與善於傾聽同等重要。事情並不總是一帆風順，有時即使我已盡力以最恰當的方式向他們告知噩耗，但家屬還是很難接受。因為觸及其內心深處傷痛，我的拒絕可能會讓他們勃然大怒……有些家屬威脅著要「砸爛我的臉」或「把棺材放在我的辦公室裡」，還有人說我「對一個寡婦講這些真的太沒良心」，更別提有些人總是提醒我，我只是一個「領納稅人錢的公務員」，或嗆我「會被炒魷魚，因為我人脈很廣，先生」。我最糟糕的回憶來自一位名作家的後代……他們在聽完我的法律論證後告訴我，他們完全理解我拒絕批准他們親人在特許權墓地下葬，甚至感謝我在電話中解釋得鉅細靡遺，整個談話在非常友好的氣氛中結束。一星期後，他們寄了一封尖酸刻薄的惡意郵件給墓園管理處主任告我的狀，還寄了副本給巴黎市長。

我並沒有因為這些困難而心生氣餒。法律很嚴格沒錯，但這就是法律，即使往生者也難逃法網。身為死亡領域的法學家，我的工作就是一意孤行地堅守墓園管理處的執行程序。不過，針鋒相對的緊張時刻相對來說並不常見，在絕大多數的情況下，我都會協助喪家解決與墓地特許權有關的法律難題。由於死亡是一個禁忌話題，許多親屬在失去所愛之人時會發現自己全然六神無主，因為他們不曾討論過這些，而我們往往能夠找到解決方案並幫他們走出困境。我的決定和建議對這些家庭具有直接的影響力，看到他們發自內心的感謝，我知道自己給了他們實際而寶貴的幫助。我的上一份工作得處理電視真人秀中那些挑逗女郎的工作合約，相較之下，墓地特許權契約有趣多了。在我資歷尚淺的職涯裡，這是我第一次不再自問為什麼早上要起床。我扮演的角色有了意義。

在拉雪茲神父公墓的頭一份工作，讓我重新沉浸在八年前我轉身離開的美妙殯葬領域。我每天都會去墓園工作，並且整日都在談論逝者、棺材、墓穴、安葬權、火化、骨灰盒、撿骨和墓地特許權轉讓等事宜。這些話題，我從我父母和祖父母那裡聽過很多次。我並沒有選擇接手家族企業，但不知為何，我發現自己竟然還是在同一領域工作。現在的我不得不有點相信命運。死神抓住我的衣領，不為收割生命，而是讓我繼續日日與它常相左右。也許祂很想念我？也許祂需要我？如果我還在這裡，那是因為我至今還沒有得罪祂。

我希望我們之間的浪漫情誼，能再持續地更久一些。

CH8
墓間漫步
Promenade d'entre-tombes

拉雪茲神父公墓一開始就被設計成完全向公眾開放，與舊制時期（Ancien Régime）封閉的墓園截然不同。它的景觀特色很快便讓它脫穎而出，在為死者家屬保留的靜心之地外，也開拓新局。許多巴黎人即使在這裡沒有墓地，也在早期就來此散步和沉思。當時的巴黎還沒有公園，在肖蒙山丘公園（Buttes-Chaumont）於一八六七年落成之前，拉雪茲神父公墓就一直是巴黎唯一的大型休閒花園。

墓園一詞逐漸從言語中消失，這是不容忽視的跡象。墓園周邊居民，尤其是美麗城（Belleville）、夏宏（Charonne）和梅尼蒙當等市鎮的居民，習慣用仍然深得人心的那位耶穌會教士之名，稱呼這塊耶穌會的昔日領地。他們自然而然地放棄了「城東墓園」（Cimetière de l'Est）這個官方名稱，轉而叫它「拉雪茲神父公墓」，後來又簡稱為「拉雪茲神父」，如此就不用再說自己要去墓園了；只說要去「拉雪茲神父」，大家便心領神會。這個獨特之處，說明這裡在巴黎人眼中不只是墓園，它的功能實際上也遠遠超乎其初衷。

冠軍挑戰問答時間

猜猜我是誰？（提示：知名耶穌會教士）……計時開始！

我在一六二四年出生於艾克斯城堡（Château d'Aix），是亨利四世的懺悔神父柯頓（père Coton）的姪孫。我從青少年時期就加入了耶穌會，曾在里昂的聖三一學院（collège de la Trinité）接受教育，後來也在那裡教授哲學。

一六七五年我移居巴黎，成為路易十四的懺悔神父，擔任該職位長達三十多年。我住在聖安托萬路（Rue Saint-Antoine），常到位於路易丘的耶穌會教士鄉間別墅小憩。我對這個地方產生了感情，並在太陽王的慷慨資助下進行擴建工程，讓這裡更美輪美奐。

在我去世近百年後，塞納省市府買下了這座莊園，並將其改造成一座占地廣大的墓園；由於有眾多名人長眠於此，如今這裡享譽國際。巴黎人很快就不再用「城東墓園」這個官方名稱，而改用我的名字稱呼這座墓園。我究竟是誰呢……

我是弗朗索瓦·德拉蔡斯（François d'Aix de La Chaize），人稱「拉雪茲神父」。我在一七〇九年在路易丘去世，而路易丘到了一八〇四年才被改造成墓園，所以我本人並沒有在此安葬——我和我的耶穌會兄弟們一起長眠於聖保祿聖路易教堂（église Saint-Paul-Saint-Louis）——但在巴黎人的心目中，我的名字一直與這裡密不可分。

雖然前來瞻仰名人墳墓的崇拜者和好奇之人占墓園遊客的大宗，但經常光顧拉雪茲神父公墓的群眾實際上各形各色。由於我經常與在墓園漫步的人聊天，陪伴他們、觀察他們，所以現在可以列出幾種主要的訪客類型。當然，這不免有點主觀跟誇張，但說不定有人還可以對號入座喔！讓我們一起在墓園中信步閒晃吧。

在公墓裡，首先會遇到的一定是附近居民；他們把這裡當成公園，會坐在長凳上看書，或在週日下午舉家前來散步。由於墓園有五個大門，他們在墓園的開放時間可以穿過墓園，快速抵達巴黎第11和20區的不同街區，是個頗方便的捷徑。

接著是一些每天都來的常客，他們自稱是「拉雪茲神父公墓墓民」；他們通常已經退休，大部分休閒時間都掛在墓園裡的小徑上。這些人喜歡三五成群地聚在一起，交流街頭巷尾的最新八卦或謠言，也樂於指引迷路的遊客找到巴爾札克或愛迪·琵雅芙（Edith Piaf）的墳墓。若有媒

體報導將舉行名人葬禮，他們會早早趕來占個「最佳搖滾區」，然後互相回憶他們曾參加過的葬禮。「我參加過貝考德（Bécaud）和保勳（Bashung）的葬禮，但我錯過了德爾佩什（Bécaud）的。」拉雪茲神父公墓沒有任何祕密能瞞過他們，所以他們也是出類拔萃的線人，有時提供給我的資訊還真的非常有用。

這些「拉雪茲神父公墓墓民」有別於另一類閒逛的常客；後者來的次數不多，有時甚至來自很遠的地方，只是獨自前來享受拉雪茲神父公墓的田園風光，也算是一種逃避塵世紛擾的方式。這些人漫無目的，就想遠離巴黎紛至沓來的紅塵喧囂：他們在墓園蜿蜒曲折的小徑中閒晃，不在乎盡頭在哪裡，就如同被這地方激發的思緒一樣漫無邊際。不過，他們並沒有愁眉不展的跡象！多虧墓園充滿詩意而非陰氣的氛圍，讓他們重新找回平靜，以致足以培育心靈的祕密花園並放飛自我，徜徉在思考生命意義的傷感或哲學念頭之中。我們為何而生，又為何而死……

比較低調的訪客是「墓園愛好者」，他們也是我們每天都能見到的忠實觀眾。他們的愛好是什麼？答案是：墓園、墳墓和墓誌銘，相當與眾不同的愛好。在普通人眼裡，可能會覺得他們有些離經叛道，但還是要感謝這些人。他們通常醉心於大大小小的歷史，並列出了一份值得留意的墓地清單，讓那些被歷史遺忘的人物重新受到關注。拉雪茲神父公墓有九萬六千六百個特許權墓地，是全世界所有墓園愛好者的理想樂園。對他們來說，再也沒有什麼比在一塊被植物覆蓋得難以辨認的石碑之下，發現被眾人遺忘的某位人物之塚更令人開心的了！

還有一些人喜歡在青塚古墳間徘徊，聽他們忠實的同伴喵喵叫。拉雪茲神父公墓的居民有一部分是流浪貓，這有幾十年歷史了（雖然蒙馬特公墓才是巴黎公墓中最著名的貓族群聚地）。大家可能會認為這些貓在墳墓間的生活相當悽慘落魄、不得不捕食鳥類為生，不像周圍公寓裡的貓定時都有貓糧伺候。事實才不是這樣呢！墓園裡的貓都過得很好，這得歸功於那些被稱為「貓夫人」的女士。她們是誰？她們的人脈背景又是什麼？一言難盡，因為她們的特徵和動機可說五花八門。就像「助產士」這個名詞一樣，「貓夫人」也有男性，但在少數。他們唯一的共同點，就是無限寵愛拉雪茲神父公墓的貓咪們，而且他們大多數家裡都養了好幾隻貓。他們為墓園裡的貓取了各種小名……小毛熊、毛球、老牛仔，也對牠們的進食時間和地點如數家珍。一些比較貪吃的貓，還會趁機嗑掉好幾個飼料碗的食物。感謝這些好心人，幸虧有他們，墓地裡的貓才能過得這麼愜意。

然而最令人跌破眼鏡的，是拉雪茲神父公墓竟也吸引無數戀人。這裡環境浪漫、常保低調，在巴黎找不到其他更好的地方與心上人來場風流之約了！許多愛情故事都是在這裡的蔥蘢樹蔭下誕生，而世界上有些人更是因為拉雪茲神父公墓的一場天雷勾動地火，才得以呱呱墜地。還有什麼比在哀綠綺思和阿伯拉墓前獻上初吻更令人陶醉的呢？在一八九六年十一月二日時，記者阿道夫·布里松（Adolphe Brisson）就已經在《時代報》（*Le Temps*）上發表一篇文章，與當時的守墓人提及墓園裡的戀人倩影：在閒聊時，守墓人一邊仔細觀察朝著荒僻小徑走去的遊客。他向我指著一位曼妙優雅的年輕女人，她的神情明顯露出一絲不安。她轉過身來，又再次折回……她若不是在等人，就是有人在等她。守墓人對我說，「我猜，這位小妞不是來這裡和死人聊天的！」果然，她等待的人現身並走向她……她笑逐顏開，對方回以深情的眼眸。儷影雙雙並肩而行，慢慢走遠。愛情，如同玫瑰，於墳塚之間悄然綻放。

在這裡除了會撞見擁吻的情侶，也可能會碰上正在盡心盡力獵取完美鏡頭的攝影師，或三三兩兩坐在長椅甚至地上的學生。他們非常安靜、專注，努力地學習在畫板上用透視法呈現消失點和地平線。保證學習氣氛濃厚。

遺憾的是，這座亡靈之城可不只迎來那些穿梭在寂靜陰暗小巷裡、近乎注意不到的平靜睿智之人。另外一些迷失的人，經常被墓園神祕的一面吸引而來，彷彿他們能在這裡找到解決精神失衡的鑰匙。我有時不得不聯繫執法單位，將那些徹底茫然失措的人送往精神科急診處。有一次，一名在墓園管理處靜坐抗議的男子對我說了幾句讓人不太舒服的話：「你要把我活埋，然後用鋸子把我的頭割下來；你是偽基督徒嗎？我想葬在拉雪茲神父公墓，請撥打〇一四五……那是上帝的號碼。」另一個人赤手空拳砸碎了某座小禮拜堂的花窗玻璃，拳頭上沾滿了鮮血，還跟我爭執了好幾分鐘，說小禮拜堂裡有一扇通向異世界的門，而他的問題能在那裡獲得解決。還有一次，一位女士衝著我大吼，說她有證據證明我與美國中央情報局互相勾結，只因為我拒絕透露她所聲稱的母親墳墓的某些資訊。有些情況就讓人笑不出來了：在一次公墓開門時，一對遊客通知我們，說有人在王爾德墓前的樹上上吊。

若說這些人因心理狀態有異而情有可原，那麼一大堆自以為具有顛覆性的偽藝術家就不能相提並論了；他們穿著奇裝異服（甚至全裸），在墳墓之間或直接在殯葬小禮拜堂內搔首弄姿。並非每個人都有橫空出世的才華，但最重要的是，死者應該更受敬重。

再嚴重一點也更令人擔憂的情況，是有人利用墓地迷宮般錯綜複雜的小徑和眾多隱蔽的藏身之處，在墳墓之間以暴露生殖器為樂。許多婦女成為這些不法且可悲行為的受害者，照應她們總是讓我深感痛心。多虧巴黎市的安全視察人員，自二〇二〇年以來，已有多名暴露狂被逮捕並定罪。還有一些家庭寫信給我，說他們看到兩個男人在被視為同志聚會所的元帥區（Maréchaux）墳墓間準備發生性關係，讓他們感到非常不舒服。

我和團隊的職責之一就是確保所有不同族群能和平共處，而不打擾前來墓園參加葬禮、火化儀式或只是到親人墓前致哀悼之意的遺屬。親人離世對我們造成的打擊是相當嚴峻的情緒考驗：

不只悲從中來、怒不可遏、還可能拒絕接受、壓力暴增、意志消沉……接待他們時需要耐心傾聽和同理心，才能幫助他們度過這個痛苦階段。儘管他們只是少數，卻是拉雪茲神父公墓優先考慮的族群，我們費盡心思努力維護墓園，以提供一個寧靜之所，讓人們能好好弔唁亡者。

整體來說，不同族群的訪客間相處都算融洽。事實上，絕大多數訪客的穿著打扮和行為舉止，幾乎可以說是本能地或自動地因地制宜。雖然每天都有現場工作人員向我報告不文明訪客出沒的情事，但還好這些人跟大部分訪客比起來都只是少數。不幸的是，最常見的投訴是各種偷竊行為：偷花、偷牌匾、偷碑文、偷小裝飾品，甚至墳墓上的ＬＥＤ蠟燭電池也不放過……還有人投訴其他訪客的舉止行為造成恐慌。一位訪客來信告訴我，他去納骨塔祭奠時聽到一位遊客驚呼「聞到燒焦味」，他的同夥都笑成一團。還有些人的抱怨，說有人在墳墓之間野餐、在墓園小徑上抓寶可夢，或在專門用來撒放骨灰的草坪上作日光浴（這倒是合情合理啦）。

在二〇二〇年十一月和二〇二一年四月的第二次和第三次封城期間，墓園訪客的各種衝突來到高峰。由於新冠肺炎在第一階段造成大量死亡，這個悲劇引起大家對墓園的關注，卻也促使大城市居民探索這些看似奇怪的地方，並開始對其萌生興趣。

在這兩個時期，巴黎人不能去電影院、劇院、游泳池、健身房或博物館，因為這些地方基於衛生理由而關閉，而他們出門也有里程限制。當時的天氣非常晴朗溫和，許多人在此時重新認識了拉雪茲神父公墓。封城期間的某幾天，訪客人數甚至超過一萬人，但一些不當行為也越來越常見：在草坪上或墳墓上野餐、在卡西米爾—佩里埃（Casimir-Perier）圓環草皮上做日光浴、慢跑、小孩在殯葬小禮拜堂裡玩捉迷藏、拍照、飲酒作樂、服用精神藥物……這一切都是在找保全人員的麻煩。家長們找不到自己的孩子，然後大聲喊著找小孩：「瑪瑟琳！費爾儂！你們在哪兒？」有個「小馬蒂雅斯」應該是被一名保全人員找到並被好好安撫，而其他同事則去尋找孩子的父母。甚至有一位在墓園擁有墳墓的女姓用戶寫信向我抱怨，說拉雪茲神父公墓越來越像巴黎海灘（Paris-Plages）了。

隨著逐步解封，訪客間的衝突也明顯減少。然而，為了提醒那些可能會忘記自己進入一個追思專用場所的人，我們在各入口處還是貼了一張海報，列出一系列禁止行為，每個行為都用一個圖案表示，海報作者是我的副手。這幅海報成了經典，雖然有時會被取笑，但我們完全坦然接受，因為海報目的不言而喻，那就是：約束每天讓保全人員疲於奔命的不當行為。保全人員把守著墓園入口，有時還得應付盛氣凌人的訪客，其中有些人甚至會為了在墓園裡慢跑或騎自行車而詭辯不休。這時候，只要向圖案一指，都比讓他們閱讀巴黎墓園的七十條規定容易多了。讓形形色色的訪客和平共處，這個日常任務比以往更加艱鉅。

CH9
希望泡泡乍現
Bulles d’espoir

幾個月前的某一天……

當時是二〇二〇年三月十七日，法國首次面臨新冠肺炎病毒的威脅而封城。醫院裡人滿為患，與新病毒有關的死亡人數每天都在攀升。我和我的同事們看著來自義大利的畫面，深感無能為力；那裡的墓地已經飽和，殯葬業者力不從心。疫情即將席捲而來，我們也知道這會是一場可怕的災難。每當有重大危機撼動我們的國家，死神就會發威。千禧年開始就有熱浪、恐攻，這樣的例子不勝枚舉。一個沒有死亡的危機，是完全不存在的。

在這些嚴峻時刻，整條殯葬事業鏈的各個環節全體總動員。三月十七日這天，儘管每個人的臉上都寫滿憂慮，所有拉雪茲神父公墓的工作人員仍然堅守崗位。前一日，巴黎市政府決定無限期關閉巴黎公墓，只有參加葬禮的隊伍才能進入墓園大門。根據衛生規定，葬禮隊伍最多也只能有二十人。在接下來連續八個星期的時間裡，拉雪茲神父公墓不再是遺屬的追思之地，也不再是巴黎人漫步田園風光的後花園，更不是世界各地遊客紛湧而至的旅遊勝地。它的角色僅限於最初，也是唯一的功能：埋葬死者。

令人如臨大敵的疫情在四月初撲面而來，也就是封城後的第十五天，每天下葬的人數飆升。二〇二〇年四月，光是拉雪茲神父公墓的下葬數量就增加了四〇%。火葬場每週七天全天候運轉。墓園管理處的總機鎮日響個不停，電子郵件也絡繹不絕：殯儀承辦人員盼著瞭解情況並安排葬禮，遺屬們則希望知道墳墓的相關資訊（尤其是否還有空間放置棺木或骨灰盒）。有些人告訴我們，他們知道至親終將難逃死神召喚，所以提前部署。

墓園團隊內部的緊繃氣氛有目共睹，而且因為有人確診、有人與確診者密接、有人因體弱而必須被隔離等諸多原因，團隊人數逐漸減少。巴黎其他墓園的工作人員前來支援管理處長達數個星期，為僅剩的兩名行政人員分憂解勞；如果沒有他們的團結互助精神，就不可能按時完成所有安葬事宜。巴黎市的座右銘「浪擊亦不沉」（Fluctuat nec mergitur）似乎從未如此時這般中肯貼切。

同一時間，我們還得緊急購置口罩、乾洗手酒精和消毒用品。然而事實上，最困難的是得重新拿捏與他人的關係，重新考量我們溝通和交流的方式。保持距離。不再握手。不再與人擦身而過，只能按照地面的標示前進。遵守防護動作。戴上口罩蒙住口鼻。透過有機玻璃或蒙上一層霧氣的眼鏡看世界。克制恐懼。不散播壓力。不再看到微笑。戴手套還是不戴手套？忘記友好的社交生活。錯開午餐時間。參加一系列危機處理會議。待在自己的象牙塔中。在螢幕一角看到同事。視訊會議時記得關閉麥克風。囫圇吞棗地學習像群聚感染、群聚人數限制、隔離、社交距離，以及現場辦公等新詞彙。

在這個非常超現實的時空背景下，二〇二〇年四月二十三日那天傍晚，我前往墓園現場勘查一塊準備轉讓給新喪家的墓地。拉雪茲神父公墓冷冷清清，我沿著曲折小徑、穿過俗稱浪漫地帶的墓園最古老區域。一如既往，我玩賞著從一片無序之中迸發出的詩意。我開始聆聽鳥鳴：主要是想要宣示領地主權的黑鶇在唱歌；一隻歐洲綠啄木鳥可能看到我，發出叫聲來示警。右側荒地的雜草叢忽然沙沙作響，瞬間吸引了我的注意力；我覺得好奇，但只看到野草在動，無法確定那是什麼。我首先想到應該是貓；雖然它們相當膽小，但我經常遇到在墓園棲息的貓。然而，從高高的草叢中突然跳出來與我面對面撞個正著的，不是一隻貓。

牠的口鼻和耳朵都尖尖的，披著紅灰色的毛皮，有犬科動物的風姿。毫無疑問，在我面前的是一隻小狐狸崽子！不，我沒有在做夢，一隻小狐狸正在打量我，離我僵住的地方僅三尺之遙。我們一動也不動、互相凝視、眼睛都睜得大大的，想來一樣吃驚。我是它見到的第一個人類，而牠是我在拉雪茲神父公墓遇到的第一隻小狐狸。我心跳加快、胸口發緊，看到這隻野生動物不由得一股喜悅湧上心頭。在牠向巢穴逃去之前，我小心翼翼地從褲袋裡掏出手機，拍下兩張照片。

這次的不期而遇讓我感觸良多。除了興奮之情溢於言表，我也感到非常走運。我本可以選擇其他千百條路線前往預定轉讓的墓地，但卻偏偏穿越這塊人跡罕至之地，而一隻小狐狸此時碰巧決定在光天化日之下走出巢穴冒險，探索這個向牠敞開的世界。

在我與小狐狸驚心動魄的相遇當晚，晚間九點左右我又回到現場；這次我帶著相機，急切地想與我的新朋友重逢。不出我所料，牠就在那裡，而且不是孤身一「狐」，一共有四隻蹒跚學步的可愛小狐狸在墓穴間嬉鬧玩耍。我藏在一棵樹後面看著這不可思議的一幕，盡可能不引起注意，以免嚇到牠們。為了不暴露行蹤，我可是扭曲肢體才成功拍到幾張照片。其中最大膽的一隻向我走過來，離我的觀察定點只有幾公尺，我紋絲不動，瞬間凝結得如同周圍墳墓的雕像，小狐狸也沒有看到我。

那晚的情景依然歷歷在目，我至今還處於情緒亢奮的狀態。自封城以來，終於第一次有機會宣佈一個好消息。隨後的那個週末，我拍的兩張照片在推特上被大量分享並迅速竄紅，以至於多家媒體爭相報導，電視節目《特派記者》（*Envoyé spécial*）甚至在二〇二〇年五月底做了一輯專題報導。拉雪茲神父公墓的小狐狸成了明星。更讓我得意的是，我當天晚上拍攝的一張照片還登上了《巴黎人報》的頭版。封城後的日子裡，新聞頻道不斷播報野生動物在杳無人跡的城鎮中自由漫步的畫面：布瓦西聖萊熱（Boissy-Saint-Léger）的鹿、阿雅克肖（Ajaccio）的野豬、馬賽海灣裡的長鬚鯨、聖地牙哥的美洲獅等。巴黎人目瞪口呆地發現，在離他們家幾步路的墓園裡，居然有平常只能在孩子的故事書中才看得到的野生動物生活在那裡。

拉雪茲神父公墓因此讓人另眼相看。這裡不再只是一個大門深鎖、以可怕速度火化及埋葬新冠病毒死者的墓園，它也成了可愛狐狸一家決定安居的地方。在空空蕩蕩、癱瘓停滯和自我封閉的巴黎，這些毛茸茸的生物是帶來希望的泡泡……

DECEDE

CH10
面紙盒
La boite à mouchoirs

很多人生前都夢想著，能在拉雪茲神父公墓擁有一塊庇蔭之地。不少人認為這是癡心妄想，因為他們認為墓園只接受貴賓級亡者。雖然現在墓園裡的空墓地確實稀少，但我想他們搞錯了；這也不是什麼祕密，而是大家都知道的常識。拉雪茲神父墓園位於市內，地處人口密集的中心地帶，不可能考慮任何擴建。這個墓園的位址昔日還在巴黎邊陲，因此在一八二四到一八五〇年間曾經歷五次擴建，只是可以擴建的時代早已一去不復返。後來為了因應巴黎人對特許權墓地的大宗需求，墓園的每個角落都被開發利用，代價則往往是破壞植物生態。目前約有七萬座墳墓分布在四十三公頃的墓園裡。隨著巴黎人口增長和家庭墓地的普及，拉雪茲神父公墓乃至整個巴黎的眾多公墓之飽和，也不是一天兩天的事了。為了改善這個狀況，巴黎市政府從十九世紀中葉開始在城牆外修建了五座大型公墓。它們分別位於聖旺（Saint-Ouen）、龐坦（Pantin）、伊夫里、巴涅（Bagneux）和蒂艾（Thiais），總占地面積達三百三十公頃。

即使巴黎人在去世後沒有家族墓地，而且生前曾表示反對火葬，要安葬在拉雪茲神父公墓可能還是會很複雜。對他的親人來說，購買新墓地是唯一的解決方案，以便能遵循他的遺願將其葬在相應墓園。但由於公墓已經飽和，即使收回被棄置的永久權墓地，每年也只有少量墓地可供出售。

如何才能成為擁有這些稀有墓地的幸運兒？一旦有空墓地釋出，第一個打電話到墓園管理處辦公室的家庭就能「幸運地」取得預約，前提是逝者居住在巴黎。對於哪些巴黎人可以取得墓地，我並不會進行篩選，也不會要求上繳動機信或逝者簡歷，更不用看什麼操性優良證明，當然也沒有掛號名單。一切交給機遇做主，這才是鐵面無私的客觀性，也是保護我免於被指控偏心或收賄。越是稀罕的事物，更要謹慎以對。

在我之前工作的墓園，大多數都是透過殯葬業購買墓地，少數親自前來購買的家庭則由我同事接待。

在拉雪茲神父公墓的情況就不一樣了，銷售殯葬墓地的責任落在我頭上，主要有兩個原因。首先，由於墓地地勢崎嶇不平、彼此自成一格（比方鵝卵石小路、臺階、陡坡和茂盛的植物生態），前往墓地祭拜有時會很棘手，尤其是當人開始感覺到年齡加諸於身的重量時。此外，墳墓附近的灌木或樹木看起來可能很有魅力，但日後也可能帶來麻煩（例如濕氣會導致墓碑上長出青苔、樹葉會掉落並弄髒墓碑，更不用說還有鳥糞），所以遺屬在逝者下葬前實地考察是很重要的，如此才能避免日後的不愉快叢生。

第二個原因我在前面便已提過，那就是：這座公墓享有特殊的保護制度，建造任何墓地都必須先徵得「法國建築設計師」機構的同意。也就是說，家屬在為逝者樹立墓碑時，對於墓碑造型並沒有完全自由的選擇權，其設計也必須嚴格遵守非常精確的規範細則。今日法國公墓中非常流行的拋光花崗岩，在拉雪茲神父公墓是絕對被禁止的，唯一允許使用的材料是石灰岩、荔枝面花崗岩和白色大理石。這些法規與限制的程度或多或少取決於特許權墓地的位置，所以在遺屬購買墓地時，向他們解釋這些法規限制是非常重要的，也才能讓他們做出明智的選擇。

我一想到必須接待逝者親屬，就會想到辦公室裡經常淚如雨下的情況，這倒不難想像。為逝者選擇安息之地時，可能會心情激動、嗚咽啜泣和沮喪惆悵，因為這是第一次看到逝者最後的長眠之所，即便他們日後多少會定期來這裡弔唁逝者（也許獻上一束鮮花、幾樣物品、幾幅畫、數幀照片、一首詩，或只是撫摸墳墓的石頭以表達對逝者的緬懷之情）。對有些人來說，他們也明白自己死後將長眠於廝，並與所痛失的親人重新聚首。

所以，在我被任命為守墓人之時，我買的第一批東西裡就有這東西：面紙盒（這個面紙盒絕對不能只有實用的功能，也必須是一件裝飾品）。我有生以來第一次在網路上看面紙盒型錄，還因而發現了一個迷人的大千世界……我沒料到面指盒的種類如此之多，五花八門的形狀、材質或顏色，應有盡有。經過一段時間的搜索和猶豫不決，我最後選了一個黑色仿皮款，我覺得它與墓園的格調和氛圍能一拍即合。一收到盒子，我就把它放在我接待遺屬的辦公室圓桌中央的顯眼位置。

不過，這面紙盒可算是個失敗的投資，而且敗得一塌糊塗。我發現人們並不會在我辦公室裡哭，這讓我深感意外。我接待的遺屬通常都不會悲痛欲絕，反倒經常心花怒放，甚至面帶微笑地說出一些讓我料想不到的話：

「我們真的太開心了，非常感謝。」

「太棒了，我如釋重負。」

「由衷感謝您，這是我兩天來聽到的第一個好消息。」

「您沒辦法想像我們有多高興，這真是太好了。」

「您知道嗎，這是他的夢想！畢竟他在你們墓園小徑上度過那麼多的時光，這真是太神奇了！」

「在我這麼不幸的時刻，幸好有您。我太幸運了！願上帝保佑你，親愛的先生。」

這些文句選輯都是千真萬確的，出自剛剛失去親人的遺屬之口。若說他們之間有什麼共同點，那就是他們都在拉雪茲神父公墓得到一塊墓地。

拉雪茲神父公墓的特許權墓地，要價多少？

一個面積為兩平方公尺的標準尺寸墓地，其價格取決於購買者選擇的期限。例如，十年的使用價格為八百四十四歐元，三十年的價格為兩千九百歐元，五十年的價格為四千五百四十六歐元，而永久使用權的價格則為一萬五千兩百六十六歐元（以上費用為二〇二二年六月二十日的法定價格）。除此價格外，還必須加上建造墓穴和安裝墓碑的費用，最後加起來的開支可能會非常可觀。這就是為什麼現在許多巴黎人選擇火葬，因為納骨塔的價格更經濟實惠（比方一個可容納三個標準尺寸骨灰盒的塔位，十年的使用價格為四百一十一歐元，三十年為一千兩百五十三

歐元，五十年為一千九百五十八歐元）。將骨灰灑葬在拉雪茲神父公墓，則不收取任何費用。因此，在草坪灑葬骨灰會「大受歡迎」的原因，其實多半出於經濟考量，而不是受到什麼宗教或哲學的影響。

不同於一般人所持的普遍看法，我在辦公室裡接待的不只有錢人或名人遺屬，還有來自各個不同社會階層、信仰和背景的人。星期一，我可以將一塊使用期十年的露天墓地以八百四十四歐元的價格賣給一個來自平民社區的貧困家庭。到了星期四，我可能接待一位來自上流社區的千萬富翁，他將以四萬五千七百九十八歐元的價格購買一塊四平方公尺的墓地，用來修建一座氣勢恢宏的陵墓作為家族墓地。對於死亡，我們可以數落其不是，但我們也必須承認它有一個優點：它一視同仁，對於任何人都並無二致。

每年大約有一百個家庭走進我的辦公室，乍看之下這似乎是個沉重的負擔。人們常問我，這樣下去不會覺得沮喪嗎？然而，若說我和遺屬會談時會有的一些情緒，那其實是開心；我們都看得很清楚，最後主要的感覺就是心花怒放。前面的對話也證明了這一點：儘管氣氛莊嚴肅穆，但我接待的絕大多數喪家實際上卻都喜出望外。他們不僅因為能在拉雪茲神父公墓獲得一塊墓地而感到三生有幸，也十分滿意能以最美好的方式實現逝者的遺願。眾人心目中的拉雪茲神父公墓享有盛譽，就像永恆不朽的五星級旅館，人們安心地相信逝者可以在此安息。喪家有時會在幾天後再度奉上一盒巧克力以表謝意，這種情形還不算太少見。在某個特許權墓地出售給一位寡婦的整整一年後，她專程回來告訴我：「您救了我一命！」另一位剛取得墓地轉讓權的寡婦則送給我一塊自家做的派，還附上她亡夫的訃告，說她歡迎我去參加葬禮，我的光臨將會讓她感到「非常高興」。

這些家庭在獲得特許權墓地時所感受到的幸福感，往往也會洋溢在整場對談的氛圍當中。我們與喪家會晤時，派屈克一定在場，他是墓園無可取代的首席掘墓人：技術方面的問題交給他，法律方面則由我負責處理。我們先在我辦公室裡進行初步討論、釐清行政問題後，再陪同遺屬前往現場勘查，介紹轉讓給他們的墓地情況。因為空出來的墓地少得可憐，每次重新發配都要斤斤計較，所以其實沒什麼選擇餘地——要麼接受，要麼放棄——當然，我們不會用這種口氣說話。我們說話的對象一旦來到特許權墓地前面，反應往往令人動容、神情溫柔，有時卻很讓人意外。

「從這裡可以看到我們家的公寓！我先生在牆的另一邊，就好像我們只是分房睡而已。」這位女士和她的丈夫在一幢能夠看到墓園的公寓建築中生活了三十年。他們曾互相允諾，當他們其中一人離世時，要在這裡買一塊墓地。他們的願望實現了，而且彼此都能繼續守護著對方，這份機緣巧合太令人不敢相信。

「這裡是朝南嗎?出入方便,還只有三級臺階。鄰居看起來蠻友好而且很安靜,墳墓都維護得很好。這個分區在甘必大廣場側面,這樣比較好,因為我姐姐從來就不喜歡第11區。沒有太多面對面的建築……太好了。景色宜人,甚至還能看到艾菲爾鐵塔。」沒錯,有時我們覺得自己就像房地產經紀人。

「角落的墓地?太完美了,我父親喜歡拐角。」我們不敢問他父親生前是不是數學家,還是只是喜歡窩在他角落裡的沙發上而已。

「太不可思議了。你們看到旁邊家族墳墓的名字了嗎?是香頌(Chanson)家族!」這位媽媽在墓園分區裡喜極而泣。就在幾分鐘前,她還在我的辦公室裡提到她英才早逝的兒子最熱愛音樂,甚至還給我們看了他正在引吭高歌的影片。我們並沒有刻意提供緊鄰香頌家族的墓地給他,一切都是天註定,也使讓這一刻感人肺腑。

「您知道嗎,這位置太棒了,完全符合他的形象!他是個非常出色的人,又帥又超級聰明,但也很謙遜、正直和低調。即使他在自己的領域裡是佼佼者,但他始終相當有分寸。」人死為大,通常人們只會記得往生者的優點而忽略他的缺點,以至於有時我們會懷疑他是否真的是人類,因為用來讚美他的最高級形容詞族繁不及備載,令人大開眼界。

「這裡真是太療癒了，您的墓園氣氛真的很棒，差點讓人想入土為安。」就差一點！

如同這些有時很滑稽的反應，我們經常發現我們接待的家屬原本哀痛欲絕，突然間卻開起玩笑或笑了起來，一派輕鬆地說著逝者生前的趣事。我和我的同事常覺得陪伴遺屬經歷了一段異乎尋常的愉快時光，猶如一齣悲劇當中的迷人插曲。不過，這也是因為許多人仍然處於否認死亡事實的階段，還沒對失去所愛的人有著完全的領悟；這個領悟通常姍姍來遲，一般是在葬禮後才會出現。

不過我得澄清，並非所有面談都是在這樣的氣氛下進行。有極少數的幾次，整個談話過程籠罩著鉛一般的沉重氛圍，尤其涉及意外、自殺、他殺等暴力死亡，或面對的是孩童死亡的家庭。在其他情況下，家庭成員之間的緊張關係也會讓氣氛更形凝重。當場面變成在翻舊帳時，我有時會介入提醒他們，此時此地並不適合算帳。曾經有一次，一位男士被他岳母的言論給惹惱，憤然起身並猛地甩上我辦公室的門。幸好這種情況還算少見。

這種與遺屬的面談如今是我最喜歡的工作內容。面談時，我和喪家彷彿處於一個無菌罩之中，遠離日常紛擾和行政上的繁文縟節，盡我所能地奉獻所有時間和精力來陪伴他們度過這段痛苦時期。這是相當嚴肅的時刻，但並不難受，真摯、誠懇和觸動人心的交流總是賦予我的工作極大的意義。儘管面紙盒毫無用處，但對我來說，我已經無法想像沒有這個面紙盒的日子，而且幾乎到了一個迷信的境界。

只要它還在那裡、還沒被使用，與遺屬的面談就會繼續保持那種自成一格的獨特氛圍。特別是它位處在遺屬和我之間，可以營造一種場景和情調。它展現了某種人性，並向我的對話者發出一個訊號：我們的交談不會純粹是行政性的，情緒在此也有一席之地。簽署表格和遞交支票可以等上幾分鐘，但如果他們覺得有必要，也可以放下壓力、啜泣流淚和表達傷痛之情。面紙隨時準備伺候。

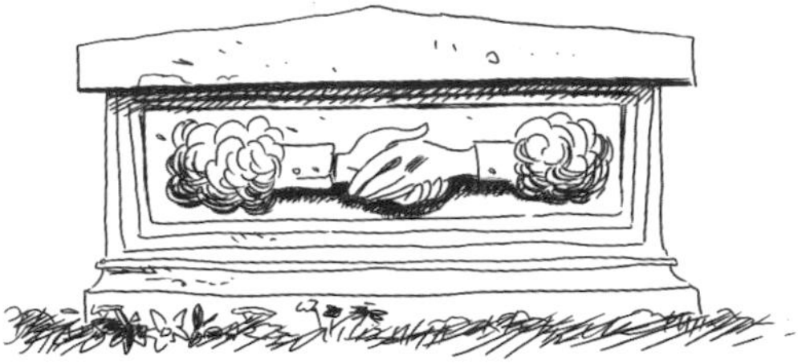

CH11
萬事狐意
Tout se goupil bien

巴黎市中心的小狐狸！誕生在拉雪茲神父公墓裡的新生命。狐狸一家在陵墓間的生活太令人難以置信，也促使我重拾擔任守墓人以來就拋諸腦後的攝影。我得承認，在頭兩年裡，我幾乎所有時間和精力都用來探索這個迷宮般碩大無朋的墓園，不斷發現它的每一個角落、主要的墳墓、豐富的歷史、珍貴的文化遺產，以及隨著我經驗增長而發現的許多意想不到的面向。我根本沒時間專注在攝影上，尤其我和家人剛搬進新宿舍，還有一些工程需要進行。最後一點，也是很重要的一點：我們家迎來了一個新生兒。

不過，與小狐狸的不期而遇還是讓我渴望重拾單眼相機。我撣掉上面的灰塵，重新在我的Instagram帳戶「La Vie au Cimetière」發文，再度加入社群網站的天地。身為一個好鄉民，我遵守遊戲規則，也讓我贏得不少粉絲的關注。唯靈論哲學創始人阿朗．卡爾代克（Allan Kardec）陵墓上方那句墓誌銘「出生、死亡、重生、不斷進步，這就是自然法則」讓我醍醐灌頂，我現在已經是Instagram達人。我自己也創了一條座右銘：**按讚、評論、再按讚、不斷發文。這就是社群法則**。

不過，為小狐狸拍照可不是件容易的消遣。經過媒體報導之後，許多遊客前來詢問狐狸巢穴在哪裡，以為自己也能拍到這些紅色犬科動物的照片，甚至還能與它們自拍合影，整個把拉雪茲神父公墓當成動物園。大白天是不可能看到狐狸的，原因很簡單：牠們在巢穴裡睡覺。我利用自己住在現場的特權，在墓園關閉後才能觀察和拍攝它們，此時牠們新的一天（或說新的夜晚）才剛展開序幕。我大部分的照片都是在晚上八點四十五分到九點十五分之間拍攝的，也就是暮色降臨之際。

一般來說，最有希望看到幼狐的時間是四月中旬到五月底。那時大約一個月大的幼狐生平第一次走出巢穴，而當父母外出狩獵時，牠們也會自己在洞穴周圍玩耍、等待父母回巢。在這段時間裡，牠們的好奇心超越警惕性：走在墳墓上、藏進墳墓裡、啃咬灌木較低的枝椏、聞著空氣、伸展四肢、打個哈欠、躺下來、聽到異常的風吹草動就抬起頭、出其不意地開始奔跑……牠們充分利用墓園周邊環境來發展自己的感官並提高運動技能。墓園如織綠蔭下的亂石堆，實際上與自然環境相當接近。

看到牠們天真浪漫地邁出第一步，在墳墓之間探索世界，確實令人為之動容，但這樣的觀察需要鍥而不捨的耐心。我在巢穴附近守候了兩星期，然後就越來越難繼續偷窺了。不只因為幼狐的警覺性越來越高，牠們開始學習自己狩獵後也離巢穴越來越遠。為了能繼續欣賞牠們的倩影，我不得不培養一些專業技能……最顯而易見且基本的預防措施，就是不發出任何聲音。我採用了一種略帶貓科動物風格的特殊方法（穿上有靜音鞋底的鞋子），然後避開鵝卵石路面、沿小徑邊緣行走，小心翼翼地避開可能會暴露行蹤的樹枝和樹葉（我的眼睛事先看到障礙物，腳步隨之調整避開）。當靠近我最喜歡的地帶時，我會緩下呼吸、感受到自己的心跳，然後血壓下降，緊張情緒也減輕。我清空腦中思緒並控制情緒，畢竟在抵達觀察地點時，我需要處於最佳狀態。我雙手緊握相機，當狐狸一露出鼻尖，只有我的雙手能立即採取行動。倘若要接近巢穴，我就會躲在一棵樹後或幾座墳墓之間。我融入周遭背景中靜心等待，但有時會等很久而且一無所獲。我總是希望發生點什麼事情。偷窺也需要有點情報員的技巧：狡猾、耐心和謹慎。

等待有時會讓人感到僵硬，甚至疼痛莫名。很多時候，當我開始感到無聊，我會對自己說：「好吧，再等五分鐘就好。」突然有 隻或數隻狐狸跳出來時，我只有短短幾秒鐘的時間拍攝幾張照片，然後牠們就隱沒到墳墓之間。有些場景讓我永生難忘……小狐狸們嬉戲、打鬥、奔跑、互相啃咬、在地上翻滾，然後又一陣風似地跑開。有隻躊躇滿志的狐狸從我前面走過，牠斜眼看著我，牙齒緊咬著不知從哪裡弄來的大理石蛋糕。還有隻成年狐狸叼著一隻鴿子突然竄出來，後

面跟著一群憤怒的烏鴉，另一隻狐狸則平靜且眼神迷離地躺在墳墓上，彷彿在思考著生命的意義。

雖然我花了無數個夜晚觀察狐狸，但我只拍到幾分鐘的鏡頭。拍攝野生動物照片的代價就是如此。然而，在荒僻的拉雪茲神父公墓內部等待狐狸出現，並不會令人不快或無聊；恰恰相反，這本身就是一種難得的體驗。能在巴黎市中心聆聽萬籟俱寂是一種奢侈，讓我常感覺自己置身於山林鄉間。潛伏守候時對於時間的感受也與眾不同，需要與時間建立一種悠長而緩慢的關係；這讓人感覺非常平靜，也抵消了我每天緊張的工作節奏。我傾聽大自然。我凝視靜謐的墳墓。我留意我的紅毛朋友們出場的任何跡象。我聆聽樹葉沙沙作響和鳥兒歌唱。我泰然自若地呼吸，然後徹底放鬆。我被一種寧靜平和的感覺征服著。什麼都不重要了。

在墓地裡看著狐狸寶寶長大，目睹了牠們在墓園中的生活場景（或只是與牠們目光交錯），我現在不由得對牠們產生幾許溫柔情感。雖然我知道狐狸出生第一年的死亡率很高，但其中一隻小狐狸的死亡還是讓我深受打擊；牠的屍體在一座墳墓上被發現，就像在睡夢中離世一樣。牠是狐狸兄弟姐妹中最年幼的一個，可能是生存法則自然淘汰的結果。這件事不僅讓我重新理清思緒，也提醒著我：拉雪茲神父公墓的狐狸雖然魅力無敵，但它們仍是野生動物，每天都在為生存而戰。

除了對牠們產生感情，我還經常好奇牠們是否已習慣我的存在，甚至認得我。尤其二〇二一年生下寶寶的那位狐狸媽媽，我相信自己能在眾狐之中一眼認出這隻母狐：深邃的紅色毛皮、圓溜溜的眼睛、有點寬的臉、末端圓圓的大耳朵。牠在拉雪茲神父公墓這種地方養育孩子的毅力和勇氣令我折服。有好幾次，牠對著我的鏡頭自然而然地擺出優雅儀態，不亞於好萊塢偶像。一天傍晚，牠把獵物帶來給牠的寶寶後，便朝著我所在的方向走來，然後目不轉睛地盯著我看。在離我只有幾公尺遠的時候，牠不慌不忙地轉了個彎，走向牠最喜歡的狩獵場。那晚，我並不覺得牠把我當敵人。所有這些可能只是我自己的確認偏誤，但沒關係。我喜歡想像牠認得我，也知道我和牠一樣都住在拉雪茲神父公墓，而我同樣在墓園撫養孩子，然後我的名字是班諾瓦（我承認最後一點值得商榷）。然而，我並不希望與狐狸有更親密的關係，也不會妄想在墓園裡與牠們親近或親熱。我們的關係最好淡如水。在我看來，對人類的恐懼，是狐狸保持掠食者野生習性並保障自身生存的必要條件。絕對不可以餵養牠們。身為守墓人，我的職責應只是盡可能維護公墓的大自然和環境生態，使它們能繼續在墓穴之間生生不息。

雖然我認為狐狸出現在拉雪茲神父公墓是一件了不起的事情，但很可能有人會大為反感。畢竟狐狸通常名聲不好，讚嘆動物出現在墳墓上可能也不太得體，更可能被視為對逝者不懂禮數。然而直到今天，還沒有人抱怨過牠們的存在；相反地，我收到許多遺屬留言感謝我拍攝的照片，他們對這些動物能在他們親人附近生活感到欣慰和感動，甚至還希望狐狸能睡在親人的墳上陪伴他們。這是我所收過最感人的意見。事實上，經常有墓園訪客（甚至喪家）向我打聽狐狸的消息，就好像他們也對這些狐狸產生了感情。我記得有一次向一位逝者的女兒出售特許權墓地時，交易過程的氣氛有點僵，因為對方一直板著臉（就當時情景，確實情有可原）。在例行的道別致意之後，也就在她準備離開我的辦公室時，這位女士突然轉過身來問：「狐狸寶寶們過得好不好？」我向她保證這些小傢伙活力充沛，她又補充說她很高興她父親即將在小狐狸居住的地方安息。自從我們開始交談以來，我第一次看到她臉上綻放燦爛的笑容。

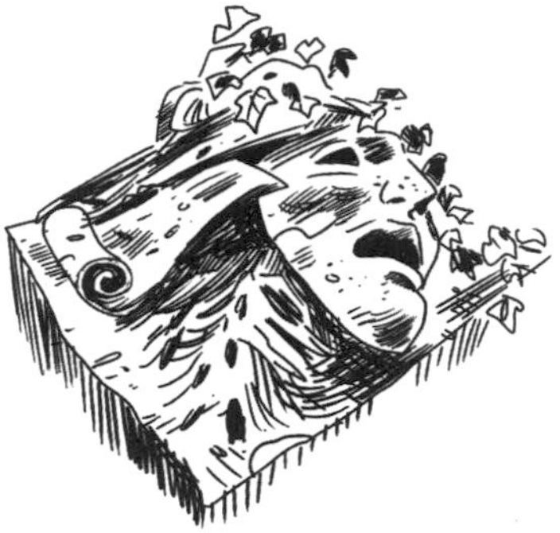

CH12
墓園慶典
Cimetière en fête

諸聖節，這是一年裡蠻不受歡迎的時節。白晝變短、氣溫下降、樹木開始凋零，整個世界閉關自守。似乎只有孩子們喜歡這種蕭瑟的氣氛，就跟萬聖節一樣，讓他們有機會打扮成殭屍、吸血鬼或女巫，還能雕刻南瓜，並用骷髏頭和假蜘蛛網為屋子添上裝飾。

對大多數成年人來說，這時節不是太適合慶祝。至少在法國，人們還是非常重視悼念逝者的傳統，所以想到諸聖節就會想到墓園和菊花。有些人認為掃墓是件苦差事，對另一派人來說則成了一種樂趣，但如果一年只掃一次，那就是在諸聖節。這其實是一個相對新的傳統，始於十九世紀。當時以拉雪茲神父公墓為楷模的新墓園紛紛成立，新習俗於焉成形；不僅生者與死者之間的關係令人耳目一新，也出現了新的葬禮儀式。

喪葬陣在那個時代容開始鋪張，並根據等級制度反映逝者的社會地位。從教堂的佈置到彌撒的時間，再到靈車的類型、馬匹數量或掛幔的挑選，沒有一個細節不是精心安排。最有錢的人可以負擔得起第一等的葬禮，而最窮困的人只能有最基本的服務。這種制度一直持續到一九七〇年代。時至今日，即使家境富裕者，也不再覺得有必要舉行盛大葬禮。

無論葬禮陣容的排場多大多隆重，現在的習俗都是由遺屬陪伴逝者前往最後的安息之地——墓園。今日看來這個儀式理所當然，但在亂葬坑的時代裡卻不那麼合乎常情。在拉雪茲神父公墓，赫赫有名的逝者出殯時，有時會吸引大批人群前來聆聽名人發表哀悼辭，就像維克多．雨果在他朋友巴爾札克的葬禮上那樣：「先生們，現在被葬在這個墳墓裡的人，舉國同聲哀悼。」

法國人也逐漸養成在葬禮後到墓園為逝者掃墓的習慣，他們通常在星期天去幫墳墓蒔花弄草、擦拭墓碑或擺放祭奠花圈。對於死者的親屬來說，執行這些儀式已成為哀悼過程中不可或缺的重要階段。

在第二帝國時期，生者與逝者之間的這種新關係，因為亡靈節而更發揚光大。雖然自九九八年以來，天主教日曆上的十一月二日就是亡靈節，但以宗教儀式為主。後來的亡靈節成了法國人去墓地哀悼已故親人的藉口，並在墓地擺放鮮花和蠟燭。一九一九年十一月十一日停戰一周年紀念日時，共和國總統雷蒙．彭加勒（Raymond Poincaré）下令在所有於前線陣亡的將士墓地上擺放鮮花。法國人認為這個點子很好，而且選了菊花；並非因為什麼特殊要求，只是花期正逢其時。再後來，所有已故之人都能雨露均霑地享有這項傳統，也讓菊花成了墓園指定花卉。

隨著亡靈節當日掃墓人數的不斷增加，當時的媒體也習慣在十一月三日的報紙上公佈拜訪巴黎墓園的人數。事實上，人潮高峰出現在前一天（也就是亡靈節當天），原因無他，因為這一天是假日，對於家庭來說比較方便掃墓。

毫無疑問地，這項傳統已深植於法國人心中。就訪客人數而言，十一月一日是拉雪茲神父公墓最繁忙的一天，遠勝過其他任何日子。二〇一五年有五萬人次，創下過去十年來的最高紀錄。至於在二〇二一年，墓園工作人員則接待了兩萬五千人。這些數字看似驚人，但與二十世紀初相比卻少了很多，當時的官方統計數字可是高達十萬人！然而，如今已不能僅憑十一月一日的單日人次來判斷諸聖節是否「成功」。由於無法在同一天前往所有長眠親人的墓地掃墓，很多家庭會把掃墓時間分成好幾個禮拜來進行：最早可能從十月中旬開始就前往墓園清理墳墓、種植菊花，而最晚要到十一月十一日左右，才能完成所有掃墓過程。

對於巴黎市墓地服務部門來說，諸聖節相當於玩具商的耶誕節或巧克力商的復活節。不同之處在於我們沒有要賣什麼東西，只是要為大眾提供出色的公共服務而已，因為大多數人只有這個時才會前往墓園。

諸聖節的籌備工作從九月開學季就展開序幕，此時會有一次大型會議，召集各部門負責人、副負責人、巴黎各公墓的守墓人以及所有支援人員（包括技術、法律、人力資源和一般事務）。會議的目的是盤點所有需求，以便在大日子那天做好萬全準備，並以最佳條件迎接家屬到來。以下是我隨便想到的幾個例子，像是在觀賞花壇種植菊花的日期、租用接駁車接送墓園訪客、辦公室特別在週末和十一月一日開放、宣傳海報內容、清掃和工作人員增派事宜等。不管我們每年如何滴水不漏地確保一切完美無缺，我們總會一再遇到這個大問題：諸聖節就落在秋天。每年的這個時候，紅、橙、黃、金和紫紅的落葉讓拉雪茲神父公墓披上華冠麗服，無疑是一場真正的視覺饗宴，但同時也是落葉落得最如火如荼的時期。這對一個擁有超過四千棵樹的地方來說，並非不成問題。落葉撒滿地面、覆蓋墓園通道，雖然可以掩蓋瑕疵，卻增加了摔倒的風險並減緩移動速度；如果落葉量太大，還會讓人覺得墓地疏於維護。不過，養護工人自九月底就不斷努力工作，每週工作六天，拼命掃除落葉並清理主要通道。這是一項吃力不討好的艱鉅任務，他們經常有一種討厭的感覺，好像自己陷入了時間循環，不得不斷重複經歷同一天，就像電影《今天暫時停止》（*Un jour sans fin*）中的比爾．墨瑞（Bill Murray）一樣，他們前一天剛打掃過的小路立刻鋪滿新一層落葉，又得重新清掃。多虧了他們的努力付出，墓園每年清出的植物垃圾多達四千三百立方公尺。但還是免不了那些習慣性的抱怨。基於令人費解的原因，有些人似乎忘記了葉子會掉落，還告訴我們，他們覺得墓園「很髒」。我向他們解釋我們的困難，解釋植物生態具有千百種好處，而落葉帶來的不便只是難免的代價；但無論我如何好說歹說，也無濟於事。我覺得某些固執己見的人還是希望在每棵樹下都安排一個養護人員，手裡拿著抄網接住每一片飄落的落葉，以免葉子掉到他們的墳墓上。

當十一月一日終於到來時，工作人員的興奮之情溢於言表，突然間他們都很樂意在假日工作。公墓一開門就萬頭鑽動，接待人員和保全總動員，協助帶著傳統菊花盆栽匆匆趕來的家屬並提供資訊。墓園每個入口處都張貼了一張資訊告示，介紹墓園的種種措施，尤其提醒用戶別忘了在墓地特許權到期之前更新契約。墓園基於人潮洶湧禁止車輛通行，但仍設立免費接駁車，接送行動不便的人。這項深受歡迎的服務由墓園的掘墓人負責，他很開心難得這次能運送活人。

墓園管理處全天無休，以便行政人員能回答家屬可能提出的所有問題：還有多少空的墓地？當我大限已到時可以葬在那裡嗎？是否可以提前購買墓地？如何更新墓地特許權？墓穴裡可以放骨灰盒嗎？我可以撿骨嗎？我可以把貓的骨灰盒埋在我婆婆的旁邊嗎？諸如此類。

還有很多家庭面帶尷尬地前來詢問自己家族的墓地在哪裡，因為在占地四十三公頃的墓園中，他們已經找不到這塊地了。工作人員總是親切地對他們說墓園廣闊無垠，本來就有迷宮的特質，藉此來減輕他們的內疚感。有些人則完全搞錯墓園，堅信他們的已故親人葬在拉雪茲神父公墓，而我們的資料庫卻顯示這位逝者是葬在……蒙馬特公墓。這兩個公墓的確看起來相當雷同。

有時某些家庭遍尋不著自己的墓地，是因為墓地已被管理部門收回，所以不復存在。這是墓園管理人員最糾結的時刻；宣佈壞消息從來都不是一件令人開心的事情，尤其必須向逝者家庭解釋他們沒有及時跟準時更新墓地特許權，或因為墓地呈現荒廢狀態，墓地才被管理部門收回。更棘手的是，我們還得解釋往生者遺骸已被挖出，並被放入一個叫「聖物箱」（reliquaire）的小棺材中，目前被安放在納骨塚裡。這種事情通常會讓家屬勃然大怒、悔恨交加跟悲痛欲絕，大受打擊的他們發現自己的親人竟然「再次離世」；他們原以為這裡就是親人最後安息之地，實際上卻只是倒數第二個。有時看到這些滿臉不理解的家屬，我不得不介入調停，然後幾乎一字不差地重述我同事已經解釋過的內容，不過通常這樣就足以讓他們的情緒平靜下來。現在，對於那些沒有安葬在墳墓中的人，我們會指點他們的家屬，在拉雪茲神父公墓有一個地方可以隨時讓他們悼念逝者並擺上菊花祭奠，那就是雄偉壯觀的逝者紀念碑，一個自一八九九年以來就專為所有無墳墓逝者設立的地方。

致往生者

無論是無名死者、失蹤者、無墓或不再有墓的往生者，都沒有被遺忘。藉由雕塑家阿爾貝·巴托洛梅的作品《逝者紀念碑》（*Monument aux Morts*），世人也能對其追思致意。這座在當時獨創一格的紀念碑於一八九九年十一月一日隆重揭幕，它倚著夏宏山丘、正對墓園主要入口，位於墓園東邊的小禮拜堂下方。這是一座沒有任何宗教象徵意涵的紀念碑，一視同仁地緬懷所有逝者。我們可以看到一對轉過身的夫妻，背對著眾人走向象徵來世的大門，而周圍看著他們的其他人面對同樣不可避免的命運，顯現出痛苦的樣子，真實而完美地呈現人類面對未知時的焦慮。巴托洛梅本人的墳墓，就在他的代表作之旁。

拉雪茲神父公墓的納骨塚就位於《逝者紀念碑》後方，可從兩側的門進入，民眾通常不知道有這個地方。它於一九五三年一月一日開放，在二〇〇八年以前接收來自十四個市內公墓特許權墓地的遺骸，而從二〇〇九年一月起，還接收來自巴黎市郊墓地中被收回的六個特許權墓地之所有遺骸。自二〇一四年以來，該納骨塔就一直處於飽和狀態，因此巴黎市政府在蒂艾公墓（cimetière parisien de Thiais）建了一個新的納骨塔來接替其任務。

在一般人的共同想像中，納骨塚通常是一個堆滿骸骨的巨大地穴（類似「巴黎地下墓穴二號」），但拉雪茲神父公墓的納骨塚並非如此。它是一個四層建築，裡面有長廊和房間，堆放著裝有死者遺骸的聖物箱（著名的靈位盒）。不同家族的遺骸絕對不會混在一起：來自同一個特許權墓

LOUIS THIMOLEON.
BOURGEOIS DE LISSY
DECEDE LE 20 OCTOBRE
1827.
DEPROFUNDIS.

LEONIE LENORMANT
LOUISE LENORMANT

地的遺骸會被集中放置在同一個聖物箱中，並永遠藏於納骨塚中。

在拉雪茲神父公墓，諸聖節是一年當中唯一一天掃墓的家庭人數多於遊客的日子。在墓園中出現這樣的遺屬密度並不常見，因此在墓園小徑上四處感覺得到起伏的情緒。在這個莊嚴肅穆的日子裡，悲傷在所難免，我有時會目睹一些令人心碎的場景：祖父母一邊掃墓，一邊自豪地向孫輩講述先人的生平事蹟；寡婦噙著淚水，輕輕地吻一下自己的手，再溫柔地撫摸丈夫的墳墓；女兒專注而細心地將一朵玫瑰拋在草坪上，以緬懷其先父……這麼多簡單又富含象徵意義的儀式，實際上殊途同歸，都是在提醒我們：死者和生者，同屬於一個唯一的共同體。

提到諸聖節，總會想到栗子樹。不，我指的不是墓園員工們要撿樹葉的那種栗子樹。而是俗稱栗子樹的萬年新聞主題，媒體年復一年地不斷重複報導著：葬禮費用、黑心殯葬業老闆、飽和的墓園、菊花的歷史等，諸如此類。有些人會試著用更別開生面的角度探討這個主題，例如環保葬禮或數位化時代的墓園。還有一些則將這個主題與萬聖節掛勾，比如採訪「吸血鬼學家」（vampirologue），或是撰寫關於拉雪茲神父公墓超自然現象和隱藏符號的文章。其實這也沒什麼不好，因為拉雪茲神父公墓本身就充滿各種傳說，而且還真有人相信。有一次諸聖節，一位遊客來到墓園管理處，一本正經地向我們詢問有「穿刺者弗拉德」（Vlad l'Empaleur）之稱的弗拉德三世（Vlad Tepes）[1]之墓在哪裡。我們很遺憾地告訴他，雖然他在電視上看到或聽到過德古拉，但他並沒有葬在拉雪茲神父公墓。

不過，如果您當天要在墓園裡溜達到黃昏，絕對不能錯過的是蕭邦的陵墓。每逢諸聖節，它就更顯得與眾不同。這裡不用菊花來悼念這位著名的作曲家，而是遵循波蘭傳統，擺放著幾十支蠟燭。夜幕低垂的時分，接近閉園時間，無數燭光會將陵墓照得美不勝收。

諸聖節落在一年當中很少人喜歡的時節上。然而，這個哀悼和追思的傳統節日卻是我的最愛，也是我最期待的日子，我無論如何都不會錯過。在公墓工作人員的小圈子裡，這個日子甚至重要到連工作資歷都以「萬聖節」為單位，而不是以年來計算。我已經累積了十六個萬聖節，並迫不急待下一個的到來。

1　譯注：全名為弗拉德三世·德拉庫拉·采佩什（Vlad III Drăculea Țepeș），也是吸血鬼角色「德古拉伯爵」名字來源。

CH13
住在逝者處
Habiter chez les morts

若說在墓地工作不太常見，那麼，住在墓地裡就更加稀奇了。這就是我擔任守墓人以來的狀況。

巴黎的公墓幅員廣大，業務也非常繁忙，也是少數每天開放的市政設施之一。因此，管理墓園的守墓人必須隨時待命，應對各種需求。身為這些設施的負責人，只要在緊急情況下，他們隨時可能被打擾，週末和假日也不例外。基於這個原因，通常都會為他們提供住宿，以便他們充分履行職責。

就我個人而言，住在墓地裡從未讓我感到害怕，基於家庭背景的關係我理當不特別擔心（而且恰恰相反）。一想到能再度感受加洛大理石公司的氛圍，我就雀躍不已。當然，我也認為會有很多具體好處，至少再也不用搭乘大眾交通工具了。大兒子很高興能離開公寓，搬到一個有大花園的住所，但對我太太來說情況可就沒那麼明朗。當我告訴她我將被任命為守墓人時，她非常替我高興，但當我接著說我們可以住在墓園宿舍時，她看起來相當茫然。「住在充滿逝者的處所」這個想法沒有讓她太開心，但這情有可原，畢竟她不像我這般幸運，能在墓碑林立的花園裡長大。雖說她一開始很勉為其難，最初幾晚感覺也不太安心，但她最後還是適應了我們的新生活環境。事實上，當我們身處在公寓宿舍時，就完全忘記周圍有成千上萬的墳墓。我太太後來甚至對墓園過於習以為常，以致離開餐飲業，轉而投身……殯葬業。在我的建議下（也可以說是在我的堅持下），她終於斷然採取行動，準備在這個行業一試身手。我知道她具備成為喪葬顧問的所有條件，而且我的判斷沒有錯：即使每天都要接觸失去親人的家庭，她也樂於從中獲得成就感。如果不是命運讓我與她相遇，她應該永遠都不會從事這份工作……

雖然很多人戲稱我們是「阿達一族」，但無論我們的職業還是生活在墓園裡這件事，都不會讓我們感到難過，更不會心情低落。我們與那些冷冰冰的鄰居們不同，反倒打定主意要充分享受生活。自從我們住在逝者之處以來，除了結婚和四處旅行之外，我們還增產報國，在二〇一一到二〇一九年又生了三個孩子。他們從來沒有在墓園以外的任何地方生活過，不僅在墓園裡邁出人生的第一步，也在墳墓林立的小徑裡學會騎腳踏車。跟我一樣，我的四個孩子在一個死亡無處不在的世界裡成長；跟我一樣，他們似乎完全不在意。對他們來說，拉雪茲神父公墓是一個有趣的地方，這裡不只有名人，還有很多遊客和可愛的狐狸寶寶；但他們非常不願意去那裡散步，比較喜歡在芝麻菜廣場（Square de la Roquette）或金盔花園（Jardin Casque-d'Or）玩耍。身為父母的我們對此感到很滿意，而最重要的是，他們不會因為「在墓園長大」或「父母都在殯葬業工作」而感到不自在。事實上，他們似乎並無怨言，而且目前為止也沒有要把我們告上法庭。

我們雖然很習慣生活在逝者的地盤，但我也不得不承認，在必須與人討論這題時，我們的情況可能會讓他們瞠目結舌，甚至不知所措。記得有一次我女兒剛開學，她就告訴老師說她住在拉雪茲神父公墓。老師滿腹狐疑，認為我女兒蘿絲在空間方向感上有點問題，我們可能只是和許多同學一樣住在可以看到墓地的建築裡罷了。在我女兒的堅持下，老師終於開口問我，我也向她證實我不是幻謊者的父親，我們是的的確確住在墓園員工宿舍裡的一家子。她笑了笑，承認自己覺得在死人中間生活很匪夷所思。幾個月後，她帶全班同學來參觀拉雪茲神父公墓；這是她職業生涯中的頭一遭，也讓我女兒非常得意。為了讓我們的孩子有個還算正常的社交生活，我們每年都會在公寓裡為他們舉辦生日點心會。每次寫邀請卡時，我們總是在地址問題上舉棋不定：要不要註明是在拉雪茲神父公墓內，或這樣會不會嚇到別人？還是只寫「休憩路16號」就好，不用進一步說明，哪怕其他父母查查網路就會發現這是公墓的正式地址然後覺得很奇怪？不管採用哪種辦法，總有那麼一刻不得不向他們解釋，解釋這個生日點心會是真的要在拉雪茲神父公墓內舉行。活動內容並不是野餐，也不是在墳墓之間玩尋寶遊戲，而是在我們宿舍內舉辦傳統到不行的生日

點心會。大多數家長在驚訝之餘，都會覺得非比尋常，甚至感到有趣，也很願意將他們的小寶貝託付給我們。

我不知道我的孩子們以後是否會發現自己有多幸運，能在他們成長過程中住在墓園（而且還是住在拉雪茲神父公墓）。這會在他們生命裡留下何種印記？這種與逝者近在咫尺的情況會是終究無感，或者相反地，在不知不覺中潛移默化？真的很難未卜先知。

可以肯定的是，在二〇二〇年三月十七日到五月十日法國第一次封城期間，我的孩子覺得，與巴黎的小夥伴們相比，他們享有非凡待遇。當時墓園並不對外開放，以至於孩子們幾乎獨享四十三公頃的空間。當時每個週末的天氣都非常宜人，我們全家會坐在墓園東側小禮拜堂前的空地長椅上享受陽光，一邊欣賞艾菲爾鐵塔的壯麗景色。雖然死氣沉沉的巴黎給人感覺彷彿世界末日，但我們也切身感受到自己是整個首都最走運的居民。平日在我上班時，我太太每天都會帶著孩子們在門可羅雀的冷清小徑中走來走去。久而久之，他們甚至擬出了一條首選路線，途經風景如畫且獨具一格的山羊小徑，以及吉爾伯特和亞諾（Gilbert & Arnaud）的墓地，他們對這兩位逝者的喜愛也與日俱增。吉爾伯特當然就是歌手貝考德（Bécaud）、「十萬伏特先生」（Monsieur 100000 volts）的主唱，當時他的墓前擺放著一架藍色小鋼琴。至於亞諾，則是一個三歲的孩子，他的墳墓讓他們深受感動，所以想在每次散步時向他打個招呼。幾個星期之後，他們不再說「我們要去拉雪茲神父公墓散一下步」，而是「我們要去看吉爾伯特和亞諾」。這句話成了我們心有靈犀的暗號。在孩子心中，這些墳墓將永遠與新冠疫情密不可分，而我也相信，日後他們向孫輩講述這場衛生危機時會提及吉爾伯特和亞諾。

我還趁著封城期間，要求孩子們拍一下沒有任何墳墓痕跡的空地。我心想，如果運氣好的話，說不定可以找到一些空地讓我分配給新的喪家。孩子們知道墓園裡一位難求，所以很開心接下任務，甚至沒有發現他們是在免費幫他們老爸工作。這對他們來說是一個遊戲，一個在現實生活中放大版本的《威利在哪裡？》；只是，這裡沒有穿著紅白條紋上衣的人物，而是要在成千上萬的墳墓中間找到一塊空地。晚上我會在登記簿上查看這些沒有墳墓的地塊屬於什麼狀態，也經常發現這些地塊已經有主人，而且還是永久特許權。然而有一天，令我喜出望外的事發生了：在第85分區內的穆斯林歷史性地段中，有一塊我原以為長年飽和的空地，實際上卻無人下葬、空無一物，還有可能加以利用。巧到讓人不敢相信的是，卡比爾族歌手伊迪爾（Idir）就在幾天後去世（確切日期是二〇二〇年五月二日），他的親人問我這個地段是否還有空地。我自然同意了他們的要求，但同時也向他們清楚說明，如今這裡大多數的墳墓都不再屬於穆斯林了，墓園自一八八一年以來就已經沒有宗教取向。這位阿爾及利亞音樂家於二〇二〇年五月十三日被安葬於此。自一九九三年以來，公墓裡這塊歷史悠久的地段就一直沒有轉讓過任何墓地特許權。真的多虧了我的孩子們，伊迪爾才得以在此安息。

有多少逝者在拉雪茲神父公墓安息？

自一八〇四年五月二十一日墓園開放以來，已有成千上萬的逝者在此安葬，現在可在巴黎國家檔案館網站上查閱墓葬登記冊。

根據紀錄，每天有三、四十名死者被埋葬在拉雪茲神父公墓的情況並不少見。其中有些被埋葬在亂葬坑，有些被安置在個人墓穴、納骨塔龕位或家族墓穴，有些被撒葬在追憶花園中，最後還有一些是在一九五三到二〇一四年間從巴黎其他公墓移葬過來的，舟車勞頓之後長眠在拉雪茲神父公墓的納骨塚。然而，這個納骨塚於二〇一四年因面臨飽和而關閉。

如果我們將這些不同類別的逝者人數加在一起，那麼今天在拉雪茲神父公墓安息的逝者總數估計可達一百三十萬。不過，由於長達兩百二十年的檔案尚未全部建成電子資訊檔，所以這還只是從保存的登記簿和某些歷史資料中推算出來的數字。

我可以理解住在死者附近會讓人感到害怕。對於這個想法感到不寒而慄的人告訴我，他們很害怕在墓地裡安息的數十萬靈魂會如影隨形。另外一些人則對此非常著迷，甚至願意支付高昂的入場費，哪怕只能在群墓之中住上一晚也好，但目前拉雪茲神父公墓還沒有提供Airbnb這種民宿服務。雖然會讓恐怖電影愛好者失望，不過恕我直言，我在居住過的兩個墓園裡從未遇過僵屍或吸血鬼。我本人就出生在十月三十一日萬聖節那天——這就是命吧？但我從未碰到任何奇怪的事物（甚至連鬼火都沒有），況且我還經常在墓地裡溜達，有時甚至是在深夜。

晚上的拉雪茲神父公墓非常安靜；正如大家所料想的那樣，這裡一片死寂。每當月圓之夜或烏雲密布之時，城市的光線映射雲層，微弱的橙色光芒照亮墓園小徑和墳墓。一旦眼睛適應了昏暗的光線，就算不用手電筒照明也能在墓園中散步。此時萬籟俱寂，絲毫不會讓人感到焦慮，猶如置身巴黎最寧靜之處。

然而，當夜色完全漆黑一片時，我得承認氣氛會截然不同，心神相形不寧。我的耳朵對於任何風吹草動變得更加敏感，想像力也迅速運轉個不停。此時感官通常勝過理智，一種奇異的感覺將我包圍，彷彿亡者正在四周窺伺著我。我的目光似乎被逆轉了，不再是我看著雕像，而是雕像在看著我。雖然我幾乎看不清它們的臉面，但它們的存在把我壓得喘不過氣來。我一向不相信任何超自然現象，對於任何關於鬼神或唯靈論的討論更是嗤之以鼻，但我不得不承認，黑夜中的墓地氣氛讓我心生不安。我覺得自己似乎擾了逝者清眠，他們被遊客的腳步聲打擾一整天之後，只渴望有個寧靜的夜晚。我的身體一度驅使我快步前行，不要太常抬頭張望，生怕被一個穿著燕尾服的傢伙發現，他可能會突然想把獠牙插入我的頸靜脈。不過，這種恐懼感會逐漸消散，我總是能再度恢復理智。那種被亡者盯著的感覺漸漸離我遠去，就好像他們只是來看看誰會在夜裡獨自在他們的領地閒逛，然後又重新進入永恆的睡眠之中。雖然我每次都能安然無恙地離開，但我對於夜遊並沒有那麼熱衷。我只有在不得已的情況下才會這麼做，要麼是為了工作需求，要麼是為了安裝我的移動偵測錄影機（專門用來以紅外線模式拍攝動物影片）。

一言以蔽之，我真的很喜歡這些逝者鄰居。他們是很低調的房客，從不在夜間喧鬧，也不在不合時宜的時間來借雞蛋或麵粉，更不會在電梯間留下惱人紙條。即使有些鄰居大名鼎鼎、白天訪客川流不息，但只要墓園一打烊，他們家依然會重拾寂靜。更令人欣賞的是，他們從不抱怨我的孩子們太吵，也不抱怨我與朋友聚會時音樂太大聲。你們應該可以理解了吧？我一點都不急著回到活人之間生活。

PARIS
ACCÈS AU CIMETIÈRE
À PARTIR DU 11 MAI
PARIS
JE VEUX
RENTRER
CHEZ MOI
DRACULA

CH14
關於逝者的傳說
Contes macabres

「對了，這是真的嗎？您辦公桌上真的有王爾德的睪丸嗎？」這可能是我這輩子被問到最嚇人的問題之一。但這個問題每隔一段時間就會出現一次，因為關於這位愛爾蘭著名作家的墳墓有一個傳說，後面會再提到。當然，我們說的不是王爾德本人，而是他墳墓上那尊雄偉的史芬克斯的生殖器。這件名為《飛天惡魔天使》（*Flying Demon Angel*）的雕塑是美國雕塑家雅各布・愛潑斯坦（Jacob Epstein）的創作，一九一二年在拉雪茲神父公墓揭幕時引起軒然大波。這尊不倫不類的裸體雕像擺在墓園中，的確引起公眾的強烈憤慨，以至於當時的省長下令為它披上一塊防水遮羞布以平息民怨，直到決定它下一步的命運為止。一九一二年十月二十五日，昔日塞納省的倫理和美學委員會成員宣稱這件作品「怪異……不美觀，品味可疑」。引起醜聞的原因，確切地說是人面獅身像史芬克斯的性器官；有些人認為這放在墓園裡並不得體，而裸體且帶著生殖器的天使呈現，在當時也是相當放肆的。除了作品本身引人詬病，這位愛爾蘭天才極受爭議的名聲，與這座墳墓紀念雕像揭幕所引起的眾怒肯定脫不了關係。

根據一個淵遠流長的傳說，這尊不幸的史芬克斯被兩位來巴黎旅遊的英國女士下手閹割，因為小說家的墳墓讓她們大驚失色。然而，在墓園管理處保存的王爾德墓地相關檔案中，卻找不到任何有關這兩位英國清教徒的官方紀錄，只有一份日期為一九六一年九月十二日的宣誓官員報告指稱「奧斯卡．王爾德紀念雕像的睪丸被不知名人士破壞」。從那時起，許多關於拉雪茲神父公墓的文章，都提到公墓員工取回史芬克斯的性器官，並被歷任守墓人拿來當紙鎮。我上任之後，當然也在辦公室裡找過這個被閹割下來的物件；不僅翻箱倒櫃，還鉅細靡遺地分析前任守墓人留給我的所有檔案。但我什麼也沒找到，沒有任何關於這件「聖物」的線索。直到今天，還是經常有記者和拉雪茲神父公墓的愛好者問我這個問題，所以我也經常回答說：「沒有，我的辦公桌上沒有珍貴的石頭睪丸。」

不過，這則小故事也充分說明著，拉雪茲神父公墓不只因景觀與文化遺產，才成為一個如此不同凡響的地方。蘊藏其中的無數傳奇故事讓它光芒四射並享譽全球，這些傳說不勝枚舉、五花八門、有古老有新鮮，也多少有些穿鑿附會。然而，所有這些傳說都有一個共同點：它們讓這座公墓成了巴黎市中心引人入勝又耐人尋味的一隅。

有些人認為這裡一定是首都巴黎鬧鬼最嚴重的地方，據稱巫術和其他撒旦邪教曾在這裡相當盛行。黑彌撒的傳說歷久不衰，許多喜歡追求刺激又容易上當受騙的人仍對此深信不移。實際上，即使拉雪茲神父公墓曾經舉行神祕儀式，但也好幾年沒聽過這些事了。當然有許多被褻瀆的墓碑遭到破壞，至今還留有撒旦儀式的痕跡，但這些早已成為過去式。如果某些證詞可信的話，那可能是一九七〇和一九八〇年代的事，當時的墓園裡確實曾有這種「夜生活」。

沒有！拉雪茲神父公墓沒有撒旦或惡魔的蹤跡。不！克勒曼（Kellermann）元帥也不是魔鬼，就算這位瓦爾密公爵（duc de Valmy）的墓地上有數字666。沒有！德古拉沒有埋葬在勒杜克小禮拜堂。沒有！拉雪茲神父公墓沒有通往巴黎地下墓穴、艾麗榭宮或直達地獄的祕密入口……

我唯一見過算得上離奇的事，就是在巴黎市政府接管的一個墳墓地下室裡，發現數百隻被獻祭的雞；墓園的掘墓人得先搬走兩立方公尺的死雞，才能碰到逝者的遺骸。這種怪事很可能是某個人利用廢棄墓地的空隙，將進行巫毒儀式的雞形目祭品丟在裡面。

還有另一件有趣的小事情，就是我經常收到信箋抬頭是「獵靈協會」的信件，非常鄭重地請求我批准他們帶著通靈盒、頻率感應器、通靈板等的各種工具，在夜深人靜時到墓園小徑走一走，以探測是否有幽靈出沒。雖然我個人是電影《魔鬼剋星》（*Ghostbusters*）的粉絲，但我必須回覆這些他們，在墓園裡舉辦捉鬼活動是不可能的。

雖然有些人真心認為墓園鬧鬼，也相信超自然現象和幽靈的存在，但也別太天真了：所有這些瀰漫著神祕和超自然色彩的傳說，很可能都是導遊發明並一再流傳的，目的是為了吸引喜好驚悚情節或荒誕離奇故事的顧客。

還有一些與拉雪茲神父公墓相關的故事涉及還安然健在的人。比如作家安德烈．馬金尼（Andreï Makine），他是法蘭西學術院（Académie française）的院士，傳聞他在貧困潦倒時期曾住在墓園的一個地下墓穴裡，之後才成為大家耳熟能詳的作家。聽說艾蜜莉．諾彤（Amélie Nothomb）也是墓園的常客，而我也已經數不清有多少人告訴我，他們曾在某條小徑拐彎處與她擦身而過。我個人從未見過她，但我比較相信：如果她經常像個遊蕩的幽靈出現在墓園裡，那只不過是因為這位作家的哥德式打扮而讓眾人繪聲繪影的傳說罷了。唯一與她有關的能見跡，像是在一座哥德式小禮拜堂的祭壇上鐫刻的「艾蜜莉．諾彤酒吧」（Bar Amélie Nothomb）字樣，這座小禮拜堂位於地窖小徑（Chemin de la Cave）。對這位香檳愛好者來說，這樣的標記可謂天作之合。

永久使用權的墓地，是傳說還是事實？

關於喪葬有許多傳說，最廣為流傳的是關於永久使用權的墓地。我常聽人說，這種性質的墓地已經不存在，或說永久使用權還是有九十九年的期限。讓我來告訴你們真相吧！

永久墓地特許權的期限，是《地方法律總則》（*Code général des collectivités territoriales*）第L.2223-14條規定的四種喪葬特許權期限之一；即使到了今日，市鎮仍可向其用戶提供永久墓地特許權，但並非強制。許多市鎮出於簡化管理的考量，傾向提供其他特許權期限，包含：短期（最多十五年）、三十年或五十年。拉雪茲神父公墓一直到二〇〇三年之前都只提供永久墓地特許權，因此這類性質的特許權墓地，在墓園中占了近有九二%。與眾人咸信的說法相反，永久特許權的期限不是九十九年，反而真的是永久無期。拉雪茲神父公墓中最古老的墓地使用權可以追溯到一八〇四年，也就是公墓落成的那一年。

某些永久特許權墓地因為不再有家族負責維護而逐漸破敗，可能有損墓園的良好秩序和顏面。為此，立法機關於一九二四年一月三日通過一項法律，允許市政當局收回「廢棄」的墓地使用權；此處的「廢棄」狀態，是就外部跡象而言之（比方地基脫節、墓碑破損、墓穴內部出現縫隙、石碑損毀、草木叢生等），也不再有「合法繼承人或墳墓從未擺放鮮花則不構成廢棄」的標準。由行政當局接管之後，每年都能騰出一些墓地，提供給巴黎的新喪家。

最後還有一些神奇傳說，是關於一些沒沒無聞的逝者之墓，因為據說擁有超自然的力量而成為遊客爭相拜訪之地。這些裝飾著喪葬圖騰的墳墓與濃蔭蔽天的草木纏夾不清，形成詭祕莫測的氛圍，很可能正是大量傳說不脛而走的原因。漫步在拉雪茲神父公墓，就宛如置身於超越時間的空間，外在俗世的喧囂不縈於懷，此時感官有時會超越理智……

我本身比較偏向理性的笛卡爾主義，所以當我發現拉雪茲神父公墓是祕密宗教、唯靈論、神話、祕傳、奇幻之術和神祕學愛好者鍾情的寶地時，不禁目瞪口呆。這些神話和傳說把我層層包圍，它們攻擊我、追趕我，我根本難以擺脫。它們像萬人迷還是江湖郎中，對我來說並不重要，它們就是我工作環境的一部分而已。它們也是墓園非物質文化遺產的一部分，是這個地方的重要特徵，就像殯葬小禮拜堂、名人墓塚還有蒼天古樹一樣，賦予此地無人能及的迷人風采。

幾十年來，拉雪茲神父公墓裡流傳著形形色色的傳說和信仰。我不敢說自己對它們瞭若指掌，但現在我可以列出一份已經成為朝聖之地的主要墳墓清單。

您在生活中遇到難題了嗎？墓園某處一定有座墳墓能為您指點迷津。

感情問題

在勒諾芒（Lenormand）小姐的墳前放一張紅心A吧，讓這位預言家為您剖析戀曲！她曾是一位知名的紙牌占卜師，客戶來頭都不小。據說她的墳墓還能為塔羅牌重新注入能量，每當月圓之夜，初出茅廬的占卜新手就會放一堆塔羅牌在那裡。

視力問題

露芙娜．諾格格拉斯（Rufina Noeggerath）的墳墓應該對您有幫助。傳聞這位別名「好媽媽」的靈媒，其墳墓可以緩解視力問題，只需用墳上盛開的植物葉子擦拭眼睛即可。

金錢問題

德米多夫（Demidoff）伯爵夫人壯麗的柱廊稜墓也許可以讓您致富，她於一八一八年安葬於拉雪茲神父公墓。這個讓法國樂透彩相形見絀的傳說，大約在一八八九年首次披載於外國媒體，從比利時到美國、澳大利亞和英國都爭相報導。傳言稱，一位富可敵國的俄羅斯女人在她的遺囑中規定，任何人只要能在她的墓穴中度過三百六十五天和三百六十六個夜晚，就能繼承她多達兩百萬盧布的財產。根據當時媒體報導，遺囑嚴格禁止挑戰者與外界接觸，而且每天只能在墓園開放前的一個小時內外出。雖然當時還沒有出現優食（Uber Eats）和戶戶送（Deliveroo），但新聞說每天都會有人把餐點送到墓穴門口。對於喜歡安靜看書、對食物要求不高的孤僻者來說，這項挑戰似乎輕而易舉，只要不在乎這位俄羅斯富婆的棺材是由天然水晶製成的就行了（因為腐爛的遺體也能一覽無遺）。新聞裡還說，意者請洽巴黎市政府。

我的歷任前輩們收到大量來自世界各地的申請，其中一些現在保存在巴黎檔案館。新聞文章中並沒有明確提到德米多夫伯爵夫人，但由於她出身於富甲一方的俄羅斯工業家族，一些人很快便認為她那氣勢恢宏的墳墓上雕刻的狼頭、黑貂和錘子肯定不無蹊蹺，畢竟這些象徵著她家族的財富來源（採礦、冶金等）。另外值得一提的是，相同的傳說也涉及一位名為狄雅絲．桑托斯（Dias-Santos）的年輕女孩，她於一八二七年去世，享年僅十六歲，其墓碑相當不落俗套，就位於菲利克斯．德波祖爾（Félix de Beaujour）巨大的燈塔形墳墓腳下。最後面幾篇關於這個傳說的外國報刊文章，還提到了一位名叫露絲．柯提斯（Ruth Curtis）的女孩的墳墓，但在公墓登記簿上卻找不到她的名字。

以上當然都不是真的！遺囑並不存在，水晶棺材也不存在。寄申請信給我也沒有用，會被直接扔進垃圾桶。這個傳說，很可能是新聞界在道德淪喪的激烈競爭時代中杜撰出來的。也就是說，從新聞學的意義來看，這是一個俗稱「鴨子」的假新聞最佳範例，意思是：這是個徹頭徹尾以假亂真的騙局。一隻簡單的「鴨子」，經過故弄玄虛而名揚四海的都市傳說，至今誤人不倦、歷久不衰。雖然我不像我的前輩們在十九世紀末那樣收到數以百計的申請信件，但在這個傳說誕生了一個多世紀後，我仍收到兩封來自國外的申請。

不孕問題？

如果您崇拜床笫性事，那麼維克托．努瓦爾（Victor Noir）的墓地不會讓您失望。這位年輕記者於一八七〇年一月十日被拿破崙三世的堂弟皮埃爾．波拿巴（Pierre Bonaparte）刺殺，享年僅二十一歲，卻在歷史上扮演非常重要的角色。他的遇害加深了人民對第二帝國的敵意，最終推翻第二帝國，宣告成立第三共和。維克托．努瓦爾成了政治崇拜的對象，被反對政權的人視為帝國政治的犧牲品和共和主義的烈士。他的遺體最初被安葬在塞納河畔訥伊（Neuilly-sur-Seine），後來在民眾的壓力下被遷葬到拉雪茲神父公墓。為紀念此一時刻，全國發動募捐，在墳墓上放了一尊由朱爾斯．達魯（Jules Dalou）創作的青銅臥像。雖然與巴黎公社有關的參觀路線或追思活動經常將維克托．努瓦爾的墳墓納入行程，但如今它的名氣卻來自一個奇怪的迷信：據說觸摸青銅臥像上令人臉紅心跳的凸起部位，能讓女性增加生育能力。維克托．努瓦爾的陵墓就這樣搖身一變，從政治崇拜對象轉為性崇拜對象。

這是墓園裡遊客最多的墳墓之一，每天都有遊客摸著臥像的性器官拍照，但大多數人並不知道這個雕像的歷史背景。二〇〇四年，巴黎市政府曾試圖在墓地周圍設置柵欄來阻止遊客亂摸，但無濟於事。

仔細觀察這尊臥像就會發現，它不只性器官完全沒有青銅氧化的痕跡，身體的其他部位也被摸得閃閃發光，因為傳聞中維克托．努瓦爾不只具有使人生育的力量。撫摸臥像的雙腳可以讓人邂逅一生摯愛，而親吻他的嘴唇、鼻子和下巴，或將手指放在他被子彈擊中的心臟部位，則能讓心愛之人回來。有些人或情侶會鄭重地進行這些儀式，盼能如願以償：他們會在雕像的帽子裡獻花，有時還會給逝者留下小紙條，以乞求幫助或表達感謝之情。

您有想要實現的願望嗎？

拉雪茲神父公墓當中最不容錯過的墓地之一，是伊波利特．萊昂．德尼扎爾．里瓦伊（Hippolyte Léon Denisart Rivail）的墳墓。對這個名字一無所知嗎？正常。不過，他可是墓園中最有名的無名氏，他的墳墓也是參觀人數最多的墓地之一。

伊波利特．里瓦伊在巴黎過著平靜的教師生活，一邊出版教育著作的同時，源自美國的「桌靈轉」（tables tournantes）自一八五五年起越來越流行，而當時已經五十一歲的他在生活上也有些轉折（這裡沒有要故意玩什麼雙關語）。他應朋友之邀參加了一次桌靈轉，結果讓他深感不安卻又深信不疑，於是他開始毫無節制地參加大大小小的桌靈轉，據說還與許多亡靈搭上線。其中一個名叫澤菲爾（Zéphir）的亡靈在一次桌靈轉中向他透露，說他們前世曾在古代高盧見過面，當時他們都住在那裡，然後澤菲爾進一步說道：「我們是朋友，你當時是一位德魯伊（druide）[1]，你的名字叫阿朗．卡爾代克（Allan Kardec）」。

於是伊波利特．里瓦伊成了阿朗．卡爾代克，他用這個筆名出版了許多關於性靈論的著作，其中最著名的是一八五七年出版的《性靈論》（*Le Livre des Esprits*，這本書也徹底改變了他的一生）。由於他是一名教育家，因此作品淺顯易懂，也極為暢銷熱賣。與所有宗教一樣，卡爾代克的性靈哲學也包含幾個教條，其中最重要的是輪迴轉世：可以與之交流的靈魂正等著能以新的肉體存在，這將使他們不斷進步。整個法國對卡爾代克的狂熱非同小可，場場演講都令聽眾心服口服。此外，能夠與逝去的人交談並在死後重新投胎，這樣的承諾，誰會不希望相信呢？

一八六九年三月三十一日，伊波利特．里瓦伊因動脈瘤破裂而離世，他很晚才開啟的靈媒生涯戛然而止。原先他被下葬於蒙馬特公墓，一八七九年三月二十九日才被移葬到拉雪茲神父公墓中的一座石桌型花崗岩墓中。根據這座墳墓的傳說是這樣的，阿朗．卡爾代克在臨終前曾說：「我去世之後，如果你們來看我，請將手放在俯瞰著我墳墓的雕像後頸，然後許一個願。如果願望成真了，就帶著鮮花回來」。也太狡猾了，這個阿朗！這個墳墓其實不只是墓園裡最熱鬧的地方，也是最花團錦簇的墳墓之一！

誰說墓園會令人沮喪？多虧拉雪茲神父公墓的精采傳說，我們才有可能精神奕奕地走出沮喪並迎向希望！

1 譯注：德魯伊是凱爾特宗教中的宗教領袖。在凱爾特文化中，德魯伊屬於上層階級，可同時兼任祭祀大臣、神學家、哲學家、知識和智慧的守護者、歷史學家、法學家以及國王和武士階層的軍事顧問。最重要的角色是神與人之間的靈媒。

CH15
巴黎天空下
Sous le ciel de Paris

在拉雪茲神父公墓，有一隻非同凡響的鳥兒，獨一無二，無可取代……愛迪．喬凡娜．佳希薙（Édith Giovanna Gassion），早年因其舉世無雙的嗓音和麻雀般窈窕的身姿，被第一個雇用她的卡巴萊（cabaret）[1]經理路伊．蕾佩（Louis Leplée）暱稱為小麻雀（La Môme Piaf）。在唱響了無數不朽讚歌並贏得國際讚譽後，這位愛迪．琵雅芙（Édith Piaf）於一九六三年十月十日辭世。她與蕭邦和吉姆．莫里森都是墓園訪客最多的名人，就連外國遊客也趨之若鶩，紛紛在她低調樸素的墓前致意，就像鴿子圍繞著一塊麵包屑那樣。

然而，離開這位法國香頌天后安息的第97分區後，如果稍微抬頭仔細聆聽，就會發現其他鳥兒，而且種類繁多！雖然每年都能在拉雪茲神父公墓發現約六十種鳥類，但只有二十來種在此築巢，其他的只是路過或在遷徙途中短暫歇息。只要使用一副好望遠鏡，就可以識別非常多種類的鳥。拉雪茲神父公墓無疑是巴黎市中心的一流鳥類保護區！

小嘴烏鴉是墓園裡的主要生物。人們經常將它們與渡鴉搞混，但渡鴉不會冒險進入這個城市。小嘴烏鴉是唯一完全黑色的鳥類，不管是羽毛、眼睛、喙和腳都是黑的，也因此贏得不祥之鳥的聲譽。牠們在法國其他地方被視為有害動物而被獵殺，但在墓園這裡並非如此，其黑羽外衣與墓地的氛圍反倒十分契合。事實上，小嘴烏鴉的身影並不讓人意外，牠們棲息在墳墓十字架上的情景幾乎是大家看到不想再看的老掉牙畫面。不管人們對小嘴烏鴉有什麼迷信看法，拉雪茲神父公墓早已成為巴黎小嘴烏鴉的理想棲息地，在這裡很容易就能發現牠們的蹤跡：這些鳥兒不僅非常聒噪，而且總是成群結隊地四處晃蕩。牠們並不怕生，可以讓人近距離觀察，所以可以看到有些小嘴烏鴉被套上了環（這是國家自然歷史博物館用來分析牠們活動範圍的計畫）。多項鳥類學研究表明，小嘴烏鴉是一種高智商物種，適應能力極強，跟某些人執意認為牠們是食腐動物的形象相差甚遠。然而，牠們的存在並非完全沒有帶來問題。牠們為了找蟲子吃，可以破壞墓園園丁或遺屬種植的植物，還會撕開垃圾袋，吃遊客扔掉的食物。在牠們繁殖期間，若有太冒險的路人接近牠們築巢的所在樹木，就會被毫不留情地攻擊，宛如亞佛烈德．希區考克（Alfred Hitchcock）的電影《鳥》（*The Birds*）的墓園惡搞版！小嘴烏鴉無所畏懼，甚至連老鷹都不看在眼裡，有時還會反過來驅逐老鷹，只有狐狸和灰林鴞這兩種動物會讓牠們陷入恐慌，並集體呱呱鳴叫。牠們的叫聲非常聒噪，驚人到甚至有點可怕，但這種喧鬧聲卻不止一次讓我一一找到牠們的蹤跡……總之，當您經過墓園東側的小禮拜堂時，請豎起耳朵恭聽……如果聽到救護車的聲音，也請抬頭看看樹上，您會發現發出這種警報聲的其實是一隻小嘴烏鴉。墓園常客和工作人員，還給牠們取了個小名叫「喔咿喔咿烏鴉」。

當您在墳墓之間穿梭，很可能會聽到環頸鸚鵡刺耳的叫聲。據說，環頸鸚鵡是從奧利機場（Aéroportuaire d'Orly）的一個貨櫃裡逃脫的，並在過去四十年裡已於巴黎所有公園、花園和墓地安居繁殖。拉雪茲神父公墓當然也不例外：甘必大入口（Entrée Gambetta）附近、莫里哀和拉封丹墳墓一帶、哀綠綺思和阿伯拉墳墓附近都有很多。牠們常年在樹洞裡築巢，經常占據啄木鳥的老巢穴。環頸鸚鵡羽毛呈現非常賞心悅目的豔綠色，而且飛得很快，經常結夥移動。另外，牠們從不棲息在地面上。公鳥的黑色頸圈上有粉紅色的亮點。牠們尖銳的叫聲經常打擾葬禮的寧靜，在肅穆悲戚的時刻轉移眾人的注意力。

在墓園信步閒晃時，還很容易發現其他比小嘴烏鴉或鸚鵡更低調的生物，但也已在拉雪茲神父公墓落地生根，首先是數量相當多的啄木鳥（像是綠啄木鳥、大斑啄木鳥和小斑啄木鳥）。如果您看到一隻呈波浪狀飛行的鳥，很可能就是其中一種啄木鳥。牠們在空心樹幹上敲擊的聲音會讓人錯覺置身於森林，而這種敲擊聲也讓牠們很容易暴露行蹤；即便牠們隱身樹葉之中很難被發

現，逃走的速度也飛快，但牠們可能是最膽小的鳥類啊！

墓園裡的鴿子也很多（比如野鴿、藍灰色野鴿或斑尾林鴿），但遠不如巴黎街頭那麼多。拉雪茲神父公墓的鴿子尤其漂亮，特別是最出名的藍灰色野鴿。牠們沒有一隻像墓園外面的鴿子那樣殘疾不全，似乎墓園的生活環境比市中心好很多。對牠們來說，比較不幸的事情是狐狸重出江湖，讓牠們成為狐狸最愛的獵物。

歐亞大山雀（見第一章大圖）、藍山雀（見第十八章大圖）和北長尾山雀體型較小，但數量也很多，一年四季都能看到牠們的身影。這些是最適應墓園特殊性的鳥類之一，甚至會在雕像或喪葬小禮拜堂中築巢，也可能在覆蓋墓穴的大理石板塊積水中洗澡。

歐亞喜鵲的特有黑白羽毛辨識度也很高，不過牠們在拉雪茲神父公墓相對來說比較罕見，似乎對此地頗有微詞；也許是因為喬奇諾．羅西尼（Gioachino Rossini）的墳墓在這裡，畢竟他的歌劇《賊鵲》（*La Pie Voleuse*）讓喜鵲臭名遠揚。雖然這位義大利作曲家已不在拉雪茲神父公墓安息，但羅西尼禮拜堂仍然坐落於墓園的主要大道上，其妻子的遺體也仍安放於內。

牠們並非小偷，但非常貪吃。我指的是蒼頭燕雀，隨便就能看到牠們成群結隊地出外尋找食物，而在我拍的照片中，牠們的嘴裡也總是叼著東西。蒼頭燕雀的典型叫聲類似fink或pink，相當響亮，而且重複數次，很好辨認。牠們也能發出結構更複雜的歌聲；根據專家說法，蒼頭燕雀的歌聲是一連串短促的音符，結尾複雜，類似tji tji tji tji tiup tjiup tjiup tjiup tu tu ui tu。

我們對墓園鳥類奇妙世界的概述，如果少了烏鶇，就會不夠完整。這當然不只是因為《櫻桃成熟時》（*Le Temps des cerises*）這首歌的創作者讓—巴蒂斯塔．克萊芒（Jean-Baptiste Clément）的墳墓就在巴黎公社社員牆的對面。這首歌後來成為巴黎公社的社歌，歌詞裡有這麼一句：當我們唱起櫻桃成熟時／烏鶇的鳴囀也分外悠揚。烏鶇在高高的樹上或葬禮小禮拜堂的屋頂上唱得如此婉轉動聽，並非是在嘲笑我們；牠們領域意識很強，實際上是以鳥鳴來保衛自己獨居的領地（繁殖季節除外），其實就是宣示「我在這裡」。這些歌聲發自牠們鮮橙色澤的鳥喙，與其黑色羽毛形成鮮明對比。鮮豔鳥喙散發的是健康的訊號，公鳥利用它來吸引母鳥的注意。烏鶇雖然也是全身黑，但牠很僥倖，沒有像同色系的烏鴉或黑貓一樣飽受羞辱。讓牠脫穎而出的就是牠的天籟之音，也是墓園裡最動聽的歌聲，其悅耳的音色和豐富的旋律令所有競爭者望塵莫及。

其他較難發現但也是墓園常客的鳥類還有短趾旋木雀、鷦鷯、火冠戴菊、黑頂林鶯、林岩鷚、歐歌鶇和紅尾鴝。要發現牠們的蹤跡得有一定的經驗與耐心，通常還要配備一副望遠鏡。當然也不能忘了猛禽類，尤其是每年都在拉雪茲神父公墓築巢的北雀鷹和非常含蓄低調的灰林鴞，但我經常在日暮時刻聽到牠們的叫聲。

還有一些我從來不曾近距離觀察的鳥類，不過每年春天都能看到它們在墓園上空盤旋飛翔，那就是普通樓燕。牠們靠著卓越的飛行和在空中滑翔時睡覺的能力，終其一生都在天空翱翔，只有在必要時才會降落到地面，特別是在築巢的時候。即使牠們在高空中也能一眼被認出，因為牠們有著細細長長、形狀像弩箭的黑色翅膀。

我經常觀察在拉雪茲神父公墓中享受田園山水的鳥類，其中有兩種我特別偏愛。第一種是知更鳥（雖然牠們有時候看起來很不可一世），其橙色胸羽是我見過的最美的事物之一。當牠們突然從灌木叢中竄出，落在一座古墓生銹的欄杆上時，與石碑形成的色彩對比令人叫絕。生活在這座墓園裡的鳥兒有個優點，就是不像鄉村的鳥兒那麼膽小。知更鳥當然也不例外，有時甚至會在攝影師的鏡頭前搔首弄姿，毫不猶豫地進行專業攝影外拍，並完全遵循時尚模特兒的所有拍照準則：頭抬高、脖子伸直、不斷變換姿勢。而且最重要的是：不露微笑。

另一種我特別喜歡的鳥是松鴉（見第二章和第十六章大圖）。和許多城市居民一樣，在我對墓園生活興致盎然之前，我甚至不知道有這種鳥。我以前怎麼會忽視這麼大的一隻鳥呢？我也不知道為什麼現在對牠懷有深深的好感，也許是因為牠的靦腆打動了我的心。松鴉非常怕生，難以接近，總是整天待在樹葉叢中。牠們不像喜鵲那麼聒噪，也不像小嘴烏鴉總是成群結隊。牠們也是一種非常漂亮的鳥，羽色很美麗（尤其是翅膀上的淡藍斑點，看起來氣派非凡），與鸚鵡那種刺眼的綠色大相徑庭。我喜歡觀察牠們在墳墓間尋找橡實的模樣：每隻松鴉把橡實藏在苔蘚或樹葉下準備過冬前，會先屯藏在一次可存最多七顆橡實的嗉囊裡，是名副其實的「口」袋，這讓牠們和松鼠一樣能幫助某些樹種開枝散葉，也是牠們被稱為「橡樹松鴉」的原因。松鴉還擅於模仿，能夠重現周圍的聲音，例如貓的喵喵聲、貓頭鷹的咕咕嚕聲，歐亞鵟的叫聲……只是人無完人，鳥亦無完鳥，牠們唯一的缺點就是：警示叫聲實在太難聽了。不斷重複發出嘶啞的「krèèh」聲，聽起來就像正在倒車的工程車。不過，這種叫聲也是在向其他動物發出警告，因此松鴉也被稱為「森林哨兵」。就我個人而言，牠還曾幫我發現一頭灰林鴞和幾隻狐狸。或許這就是我喜歡牠的原因吧。

之前如果有人說我「有天會對鳥類產生興趣」，我是絕對不會相信的。尤其在我進入墓地工作和生活之前，我有一個遠離鳥類的最佳理由：我從小就有鳥類恐懼症（ornithophobe）。說白了，就是我怕鳥。有些人害怕蜘蛛或老鼠，而我是害怕鳥類；更廣義來說，任何長羽毛的動物都讓我害怕。這是一種少有人理解而且還難以被接受的恐懼症，畢竟鳥不是嚇人的動物，對人類也不會構成威脅。說自己害怕鴨子，只會被視為膽小鬼而已。

但我得承認，我的恐鳥症經常讓我一看到一群鴿子就趕緊改道而行。我不知道這個精神創傷是什麼時候開始的，也許可以追溯到我祖父母家的農場時期，當時我還是個孩子，經常去雞舍裡撿雞蛋。我從來沒有追根究柢想要知道原因，因為我一直都能得過且過。如今，我對生活在墓園裡的鳥兒興致勃勃，牠們不僅讓我睜開眼睛觀察四周，也讓我獲取不少新知。為牠們拍照時，我也學會克服無端的恐懼，戰勝真正的恐懼症。還是值得一試的。

我不喜歡造成矛盾，但我一定要透露另一個祕密：愛迪．琵雅芙並不是墓園裡唯一一位以鳥為名的居民。我的妻子，我一生的摯愛，閨名是「珂瓏貝」（Colombe）[2]……沒錯，一個害怕羽毛動物的人，當然可以愛著一個與美麗鳥兒同名的人。

1 譯注：卡巴萊最初是飲酒場所，類似酒館或客棧，還可以用餐。如今是一個可以邊吃邊喝邊看表演的歌舞廳。

2 譯注：法語是小白鴿的意思。

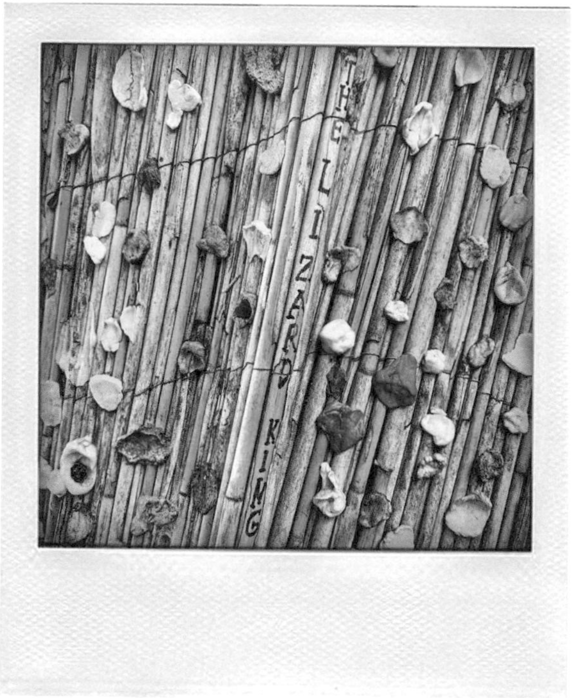
THE LIZARD KING

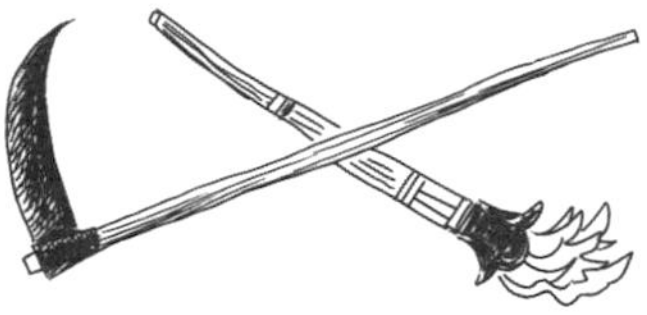

CH16
關於吉姆的傳說
La legende de Jim

人們最常向我提到的墓園名人，無疑是吉姆．莫里森。這位離經叛道的歌手在逃離美國後，才二十七歲就在巴黎過世，僅在至親好友出席下安葬於拉雪茲神父公墓。他的死因仍然備受爭議。一方面，官方說法認為他是在泡澡時心臟驟停；另一方面，記者山姆．貝爾內特（Sam Bernett）堅稱吉姆．莫里森是在巴黎著名夜總會「搖滾馬戲團」（Rock'n'Roll Circus）的廁所中服用過量毒品而身亡。

他在拉雪茲神父公墓下葬之際，只有五個人在場，其中包括他的伴侶潘蜜拉．柯森（Pamela Courson）和他們的朋友安妮．華達（Agnès Varda）。他的墓地立刻成為世界各地歌迷前來弔唁的聖地。人們對這位巨星的崇拜難免稍微過火，讓幾十年來管理這座墓園的歷代守墓人備受煎熬。「門戶合唱團」的歌迷們似乎把「性、毒品和搖滾樂」這個三部曲神話運用得淋漓盡致，將這位蜥蜴之王[1]的墓地變成各種迷信崇拜和放浪形骸的場所：迷幻搖頭派對屢見不鮮，對於各種吸毒者、酒鬼和流浪漢的抱怨聲也時有所聞。人們不只在墳墓之間發現昏迷不醒的吸毒者，也經常撿拾到空瓶子和針筒。一九八一年五月十三日，有人甚至在一個墳墓腳下引爆了一枚手榴彈，可能是一位受夠了這些過度行為的人所為，使得員警部門專業人員不得不介入處理。

吉姆．莫里森的墓地位置更是讓情況雪上加霜。這裡被夾在第6分區的其他幾座墳墓之間，沒有什麼通道，而且位於一座碩大無朋的小禮拜堂後面。關於這個墓地位置的分配也是迷霧重重。負責出售這塊地的守墓人真的知道這位「詹姆斯．道格拉斯．莫里森」（James Douglas Morrison）是誰嗎？還是歌手的親人要求一個位置相對隱蔽的墓地？無論如何，鄰近的墳墓都為這個決定付出了代價，多年來經常遭到褻瀆；不僅被歌迷占據，還被塗鴉向這位搖滾巨星致敬。

即使吉姆．莫里森死後，他也依然是個製造麻煩的人。為了結束他的存在所帶來的不便，管理當局想盡了一切辦法：加強監控、日夜巡邏、清除塗鴉、與美國駐法國大使館聯繫以研究遣返的可能性、監視攝影機、向警察局申訴……但都無濟於事。一九九一年，在這位歌手逝世二十周年之際，法國共和國保安隊（CRS）甚至獲報趕來遏止處於酒醉狀態的歌迷進入墓園。

漸漸地，這些混亂情況開始減少。歌手的墳墓長期有人看守，墓園圍牆上也安裝刺釘和帶刺的鐵絲網，以免夜間有人趁虛而入。最後，墳墓周圍終於在二〇〇四年安裝上了圍欄。還有另外一點也很重要，那就是粉絲們會變老，也會慢慢比較明理。

五十多年過去了，吉姆．莫里森的墓地已不再是醉生夢死之地，但仍是墓園遊客最多的地方之一。莫里森在拉雪茲神父公墓的地位，就如同羅浮宮裡的蒙娜麗莎。博物館的遊客對《蒙娜麗莎》的畫像趨之若鶩，但他們未必是義大利繪畫的鑒賞行家；同樣地，許多到拉雪茲神父公墓參觀門戶合唱團主唱墳墓的遊客，也沒有聽過他寫的歌詞或雷．曼札克（Ray Manzarek）神乎其技的鍵盤演奏。必遊的旅遊勝地都有這種現象，就是擁有與生俱來的引力。

這座墳墓之所以如此令人神往，也拜各種不脛而走的相關傳說所賜。第一個傳說與克羅埃西亞藝術家姆拉登．米庫林（Mladen Mikulin）的作品有關，這尊白色大理石半身雕像從一九八一年五月二十六日開始就一直是這位搖滾歌手墳墓上的擺飾，直到一九八八年五月九日星期一墓園管理處發現它不翼而飛為止。關於這座半身雕像的失蹤有幾種說法：其一是它被兩個騎輕便摩托車的歌迷偷走，因為他們在前一天晚上讓自己被鎖在墓園裡；另一個經常聽到的版本，則是管理處找回了半身雕像，目前仍將其存放在儲藏室中。經過查證，我可以確認第二種說法是錯的：除了一九九〇年代非法放置的一個替代版雕像之外（也就是我上任時坐在我辦公室的那尊雕

像），根本沒有什麼祕密地點有半身雕像的蹤跡。它的消失至今仍是一個謎，也許有一天會再次出現。誰知道呢？在半身雕像缺席的地方，有一塊金屬牌匾寫著「詹姆斯．道格拉斯．莫里森，一九四三到一九七一」，下方則是一句古希臘語「KATA TON ΔAIMONA EAYTOY」（可以翻譯為「忠於自己的魔性」）。

還有另一則傳言，聲稱吉姆．莫里森已不在在拉雪茲神父公墓安息。經常有人言之鑿鑿地告訴我說「他不在那裡了，已經被送回美國」。「真的嗎？那是在哪裡？」雖然與我交談的人無法提供更多細節，但他們都講得很斬釘截鐵。當我告訴他們，吉姆還在第6分區的一個角落下六英尺深的地方時，他們仍然將信將疑。我查閱了登記簿和關於這位歌手的龐大行政檔案，可以斷言沒有人來接他回祖國。沒有任何掘墓的痕跡，一切純屬子虛烏有，但這謠言歷久彌新，各種媒體和社群網路仍在不斷轉發。在這位該死的詩人逝世五十周年之際，我還得向一位記者極力否認這個傳聞。

現在已經很少有人會在吉姆．莫里森的墓前放置大麻菸和威士忌酒瓶。那些冒險違禁越過柵欄的人，比較常留下一些亂七八糟的物品和有點俗氣的小玩意兒：小天使、五彩紙風車、塑膠花、鳥擺飾、裱框照片、畫作、懷疑是情書的信件、樂譜……或其他更出人意料的禮物，像是酒瓶、打火機、捲菸紙和香炷。每個人都以自己的方式追思這位巨星。此外，與我交談過的各種歌迷都非常親切感人……而且得體。雖然吉姆．莫里森的墓地需要特別管理，但已不再造成重大問題。

不過，大約十年前出現了一種新的儀式，就是將嚼過的口香糖使勁黏在離墓地最近的樹上。這是一種不入時宜的退步行為，只為了證明自己曾經瞻仰過傳奇歌手的墳墓。即使這種反叛動作符合這位歌手的形象，但與他早期歌迷的放肆行為還差一大截。看起來簡直美得冒泡，或真的醜到不行，而且相當不衛生。當幾塊口香糖被粘在一起時，聞起來很臭，像是餿草莓或薄荷爛掉的味道。一些遊客會用把溫熱的口香糖拉成各種形狀來發揮自己的創造力，而另一些遊客則會在口香糖上黏煙蒂、地鐵車票或吉他彈片，甚至連樹上也黏滿文字和圖畫，足見門樂團主唱的歌迷在他逝世半世紀後熱情依然不減。在拉雪茲神父公墓的所有追思動作都是一樣的，總是不知道哪位歌迷率先有了靈感，然後其他人紛紛效仿，於是口香糖樹就應運而生。這棵樹似乎活得很好，只是墓園伐木工人不得不用竹圍籬將樹幹團團圍住，以保護它免於被知名鄰居的「貢品」干擾。它再也無法擺脫這個狀態了，就像我們難以擺脫鞋底上黏著的口香糖。

1 譯注：吉姆．莫里森曾在一首作品中稱自己為蜥蜴之王，隱喻逃離禮教，遁入爬蟲腦的世界。

AU TRAVAIL
EST DÛ LE BONHEUR DE L'HOMME

CH17
死亡領域的工作
Les jobs de la mort

喪葬行業並非令人夢寐以求的行業。我應聘的時候大家應該都注意到了，這是一個鮮為人知又毫無吸引力的行業，大多數普通人都不知其所以然。很少人是出於使命感而踏入這個行業，多半是因緣際會造成的結果。只是一旦涉足其中，就很難抽身而退了，因為它蘊藏著許多意想不到的寶藏，令人無法自拔。我們因緣際會踏入這個行業，卻因為使命感而留了下來。

這就是為什麼在殯葬領域裡，各式各樣的角色大多非常熱愛自己的工作，而且矢志不移。我認識很多情非得已而離開殯葬業的人，但他們仍對殯葬業經歷念念不忘，也非常眷戀昔日風光。同樣地，雖然殯葬業招工非常困難，但那些勇於冒險一試的人多半會一直做到退休。沒錯，「死亡領域的工作」並不吸引人——這是比較委婉的說法——但只要敢放手一試，就會發現它們其實魅力十足。在墓園工作不是只要挖個坑或打開柵欄讓靈車進入而已，事實上有各種任務，由眾多專業人員齊心協力共同完成，使這個最美好的公共服務之一能良好地運行著。

就我個人而言，我很難界定自己的工作和具體職責，因為涉及的型態繁多。實際上，我大部分時間都花在以下三項工作上：協調我所負責的八十名工作人員的工作（包含行政人員、保全、養護工人和掘墓人）、對國有墓地採取後續動作（比方發放和收回墓地所有權），以及回應墓園用戶的各項請求。

我還真無法描述我典型的一天是什麼樣子。我的工作生活千頭萬緒：簽署公文、回覆電子郵件與書信、接待要購買墓地使用權的家庭、與中級主管一起進行評估、管理進度計畫、解決殯葬車隊的法律問題、前往某個棘手的掘墓現場、填寫報告表、設計海報、提醒注意工作指示、重新簽署公文、再度回覆電子郵件、與準備拍攝電影的導演考察拍攝地點、為名人葬禮安排安全措施、將要收回棄置的墳地列成清單、參與電話會議裁決預算選項、管理員工編制、主持團隊會議、回應上級要求、請水管工人處理漏水問題、請技術人員處理電腦儲存裝置問題、接待不滿的墓園用戶、安排危險墓地的安全措施、撰寫報告、向上級傳達資訊、向下級傳遞資訊、批准舉行紀念儀式，然後再一次簽署公文、再三回覆電子郵件等。

由於我的工作非常多元，所以也掌握了不同領域的廣泛技能和知識：殯葬法、人力資源、職場健康與安全、哀悼心理學、喪葬儀式等。這是一份要求高、耗時長、需要十八般武藝的不尋常工作，但也是一份非常充實的工作；每天都會被淹沒在工作之中，但又覺得這樣完全正常。就像自己是一把瑞士軍刀，不斷地在風馬牛不相及的主題之間轉來轉去。我最喜歡的是什麼？就是當我早上進辦公室時，完全不知道我的一天會有什麼神展開。

追思的重要之地

假使家族特許權墓地的發展有助於追思無名之輩和偉大人物的個別生後之名，那麼拉雪茲神父公墓在集體緬懷追思方面則有舉足輕重的角色。最著名的紀念碑無疑是巴黎公社社員牆，每年五月，成千上萬的人會聚集在這裡紀念巴黎公社。此外，為了緬懷沒有墓地的納粹浩劫受害者，這裡還豎立了十五座觸動人心的紀念碑，每座紀念碑都代表一個集中營。拉雪茲神父公墓也是歷史的見證者，墓園中另設有紀念碑緬懷為國捐軀的法國士兵以及一八七〇年普法戰爭、第一次世界大戰、第二次世界大戰和阿爾及利亞戰爭中的受害者。墓園中的各種紀念碑代表著各種悲劇事件中的罹難者：有慈善義賣集市（Bazar de la Charité）和喜歌劇院（Opéra-Comique）等火災事件，也有土耳其航空九八一號班機於埃默農維爾森林的空難（DC-10 d'Ermenonville）、西加勒比海航空空難、夏姆席機場空難、由里約飛往巴黎的法國航空四四七號班機的空難……族繁不及備載。要列出這些紀念碑的詳盡清單得寫完一整本書才夠，但拉雪茲神父公墓也因而以豐富多元的紀念碑聞名，成為一個無與倫比的紀念追思場所。每年大約會有一百五十個由不同協會所舉辦的紀念追思儀式，在紀念碑或名人墳墓之前舉行。參與人數差異很大，從幾個人到幾千人不等，也就是說每次都必須調整安全部署。我個人最特別的紀錄如下：二〇二一年五月二十九日星期六，在「一八七一年巴黎公社之友協會」的號召下，一萬兩千人參加了巴黎公社起義一百五十周年的紀念活動。

不過，如果說我一人肩負拉雪茲神父公墓的重責大任，那就太自以為是了。每天都有數十人在墓園工作。我首先必須依賴一個合作無間的親密團隊，而其中最少不了的第一把交椅就是我的副手傑鴻（如果沒有他，我早就死在崗位上了）。我們這對工作上的最佳拍檔共同管理拉雪茲神父公墓，以及它的四個附屬小墓地：美麗城（Belleville）、貝爾西（Bercy）、夏宏（Charonne）和拉維萊特（La Villette）。

提到墓園，當然也就涉及到建築物、圍牆、員工設施、車輛、辦公室、用品等。所有這些器材方面的工作都由負責技術任務的助理菲力普管理，他在幕後工作極其出色，讓墓園這臺龐大機器始終運行順暢，齒輪永不停轉。

最後當然還有以中級主管為首的所有其他專業人員。如果沒有他們，拉雪茲神父公墓就無法全年三百六十五天正常運作。

除了直接隸屬於公墓的人員相當搶眼外，如果忽略每天在公墓工作的眾多其他專業人員，這份工作版圖就不夠完整。也多虧了他們，讓墓園從開門的那一刻起就充滿了活力。

那麼，誰在拉雪茲神父公墓工作呢？為了讓大家進一步瞭解不同的職業，同時說不定能啟發讀者一些工作的使命感，我準備了一個關於「死亡領域工作」的小詞庫供大家參考。

墓園接待與保全人員

總共有三十二名人員，他們負責看守入口、巡邏、接待以及指導墓園用戶。所有殯葬活動（諸如下葬、撒骨灰、挖墳等）都在他們的掌控之下，並隨後做成報告，存放於檔案室中。他們也幫助迷失方向的遊客找到名人墓地、整天驅趕慢跑的人，並提醒那些可能已經忘記拉雪茲神父公墓原本是一座公墓的用戶，這裡是需要注意分寸、畢恭畢敬與保持寧靜的地方。

葬儀接待員

公墓管理部門有九名葬儀接待員，負責管理墓園裡九萬六千六百個特許權墓地，每年處理三千五百項殯葬業務，並負責歸類存檔。多才多藝、一絲不苟和思維靈活是從事這項工作的基本素質。這些人精通殯葬法，可以回答家屬提出的任何有關墓地使用權的問題，諸如使用期限和價格、續期和轉換契約、可用墓地數量、已安葬的逝者、可行的挖墳、撿骨等。

伐木工人

拉雪茲神父公墓的樹木文化遺產與殯葬文化遺產同等重要。二者交織的景觀是墓園的正字標記，但同時也為負責管理墓園四千棵樹（修剪、砍伐和種植）並監測其健康狀態的巴黎市伐木工人帶來了不少麻煩。由於墓地眾多和墓園地形的關係，他們不僅很難接近這些樹木，更別提有任何樹枝掉落的話都可能造成無法彌補的損失。伐木工人砍伐生病的樹木時，經常被那些讀過《樹的祕密生命》（*La Vie secrète des arbres*）[1]後自詡為林業專家的墓園用戶指責為「罪犯」。不過，他們也有專屬特權：可以在樹梢上欣賞整個拉雪茲神父公墓的美景。

墓地特許權辦公室

如果墓地持有人希望為祖先撿骨以騰出墓穴空間，或想瞭解如何將墓地特許權遺留給侄子，就必須聯繫墓地特許權辦公室，這裡的人可以回答他們可能提出的所有法律問題。這個部門位於拉雪茲神父公墓公墓第83分區，負責查核在巴黎的二十個公墓提出的挖掘請求是否由死者近親根據法律所提出。該部門的另一個職責，是處理非常複雜的葬禮特許權轉讓問題；與殯葬公證處一樣，墓地特許權辦公室在承認墓地使用權歸屬之前，會先審查聲稱為墓地所有權受益人的繼承資格。

養護人員

他們的黃色背心和吹葉機發出的噪音，實在很難不引人注目。拉雪茲神父公墓的二十名養護人員負責清掃落葉、清除垃圾、清潔道路，以保持墓園的整齊清潔。自二〇一五年開始逐步停止使用農藥產品後，野生植物便自在生長，而當墓園的小路和人行道雜草叢生以致難以通行時，他們便會開始除草。樹葉在秋天不停飄落，植物草木在和煦的春天不斷生長，養護人員的工作永遠處於重新開始的狀態。拉雪茲神父公墓活生生地上演著薛西弗斯神話。

遺產管理部門

巴黎公墓的殯葬遺產數量可觀，但就像我們對逝者的記憶那樣，這些遺產也正逐漸消逝。遺產管理部門由一名遺產管理員主導，負責清點、修復和展示這些非凡的殯葬遺產。拉雪茲神父公

墓中每一塊因年久失修而被收回的特許權墓地，都要經過一連串周密的檢查，以再三確定是否能根據其遺產或歷史價值被銷毀或保留。完全不可或缺的一個部門。

火葬場

這是法國第一座火葬場，於一八九九年啟用，目前由公共服務部門委託一家私人企業協助管理。由尚．卡密爾．福米傑設計，屬於新拜占庭建築風格，是墓園裡的主要建築。由於目前火化相當流行，使得葬禮司儀和或火葬場操作員每年進行近六千次火葬。壯麗的圓頂大廳經常舉行名人的葬禮。

工程公司

鋪石路面破敗不平、欄杆鐵鏽斑斑、階梯分崩離析……拉雪茲神父公墓不年輕了！別忘了，這座公墓建於一八〇四年！每一年，公墓管理處的技術部門會撥一部分重要預算來修復公墓的道路、牆壁和建築。為了確保遊客安全無虞和墓園能千秋萬載，工程公司全年都在進行永無止境的必要維修工作。

花店

盆花、花圈、花籃、捧花、心形花飾……每一天，花店都會將花藝作品送到火葬場或下葬地。這是親朋好友緬懷逝者的一種方式，也會附上慰問卡片向家屬表達哀思之情。不同種類和顏色的花朵具有特定象徵意義，花店會根據逝者的年齡、性格以及訂花客戶與逝者的關係來組合不同的花藝作品。

掘墓人

這個職業名聲不佳，但卻是多麼無可取代啊！墓園裡的八名掘墓人身體狀況良好，他們負責拆除巴黎市政府接管的廢棄墳墓，然後進行掘墓並將其遺骸遷移到納骨塚。多虧這些人，我們才能為新的巴黎喪家騰出土地。雖然他們大部分時間都在墓穴裡處理屍骨，但可別以為他們的心理狀態也處於谷底；他們非常熱愛自己的工作，而且認為這份工作和其他工作沒什麼兩樣（即使事實顯然並非如此）。

工程監督員

每一年，工程公司要在墓園進行一千六百次施工：維修、雕刻、安置照片、修補墓穴、修補墳墓雕刻、安裝新的墓碑、修復小禮拜堂、粉刷等。工程監督員負責檢查申請者的身分，確保安裝的新墓碑時符合法蘭西建築師協會的要求，或取得歷史古跡區域保護部（Conservation

Régionale des Monuments Historiques）的同意進行維修工程，還要監督大理石工匠在施工時是否遵守巴黎墓地管理條例。

雕刻師

經常從很遠的地方就能發現他們，因為他們用小鑿子在墓碑上雕刻時，就會發出輕微的答答聲。他們負責將逝者的名字雕成墓碑上永久的印記，而這項工作也為葬禮畫下句點，因為逝者名諱一旦刻上墓碑便無法擦掉重來，彷彿宣告逝者的死亡也同登永恆之境。這在墓地這個寧靜的空間裡是個孤獨而平靜的工作，陽傘和隨身收音機則是他們的必備工具之一。有時為了在家族指定的地方雕刻，他們不得不痛苦地扭曲身體，擺出近乎滑稽地姿勢，才能達成任務。他們都很害怕出錯，像是在不該錯的地方拼錯字，或把名字刻到別的墳墓上。

園丁

拉雪茲神父公墓自創建之初就被設計成一座觀賞花園。雖然經過兩個世紀的開發利用，植物草木的面積已大幅縮水，但景觀特色仍得以保留，這全仗五位園丁的功勞。他們負責種植、修剪和維護各分區還有墓園最具代表性地點（墓園東側小禮拜堂、火葬場、管理處、巴黎公社社員牆等）的花圃和灌木叢。他們最忙碌的時期當然是諸聖節，這一天，他們會在墓園裡種植成千上萬朵色彩鮮豔的菊花，深受前來掃墓的家族所喜愛。

大理石工匠

這些挑戰極限的工人在陰暗處與戶外工作，有時氣候條件還非常惡劣，但他們的工作鮮有人認可和重視。拉雪茲神父公墓的布局與現代公墓完全不同，使得他們工作起來異常艱難，因為有些家族墓地的位置沒有那麼容易出入。在地勢陡峭的分區中修建墓穴，或在車輛無法進入的分區裡安裝重達數噸的墓碑，都需要技術、細心、方法以及健康的身體。他們也必須應家屬的要求進行掘墓，有時需要有足夠的心理建設。總之，這是一份不為人所見又吃力不討好的工作。

殯葬服務

殯葬顧問、葬禮司儀、抬棺者、殯葬推銷員等，這些都不是令人夢寐以求的職業（也不太吸引人），但每個人遲早都會用到這些「做死人生意」的服務，而這個行業也正處於快速變革之中。隨著宗教信徒人數漸漸式微，葬禮司儀在舉行非宗教的個人化葬禮時，角色也越來越重要。這個領域不太可能遇到危機；相反地，如果國家統計和經濟研究所（ＩＮＳＥＥ）的資料屬實，那麼在一九四五到一九七三年之間，所謂的輝煌三十年時期出生的法國人（也就是著名的嬰兒潮那一代）將步入老年，因此按照必然定律，死亡人數在二〇五〇年之前將逐漸上升。想轉行嗎？

殯儀服務可能是值得探索的領域……

宗教代表

雖然法國的墓園自一八八一年起就已世俗化，但喪葬自由還是允許每個人按照其信仰選擇葬禮儀式。每天都有不同宗教的代表在主持葬禮：有的是在火葬場的全信仰綜合禮堂，有的是在逝者的墓地前，還有些是在墓園東側的小禮拜堂舉行天主教葬禮。神父、拉比、伊瑪目、牧師、執事……在墓園小徑上穿梭的這些宗教主祭背景各異，也反映出各個族群在這座城市中的共存情景。

公墓服務中心

該中心位於拉雪茲神父公墓第83分區，坐落於被植物掩映的綠色屋頂之下，負責協調巴黎二十個公墓的活動，並為其提供技術、預算、後勤、法律、人力資源和總務等方面的支援。在公墓部門負責人的領導下，公墓服務中心為巴黎各公墓管理處提供日常不可少的扶持。

1譯注：德國森林看守人彼得．渥雷本（Peter Wohlleben）的著作。

PRIEZ POUR ELLE

CH18
尊榮墓地區
Carré V.I.P.

拉雪茲神父公墓能成為世界上參觀人數最多的墓園，主要是因為許多像吉姆．莫里森一樣的名人都在這裡安息。他們都同樣對一個時代產生了深遠影響、創造了特定的風格，也塑造了時尚趨勢。一言以蔽之，就是改變了我們的生活。人們仍在研究、解讀和緬懷他們的生平。街道和廣場上也以他們為名。他們共同讓拉雪茲神父公墓成為一個露天的萬神殿。許多領域的翹楚在此共濟一堂。

文學界：巴爾札克、普魯斯特、科萊特（Colette）、阿波里奈爾（Guillaume Apollinaire）、王爾德、繆塞（Alfred de Musset）、莫里哀、拉封丹、奈瓦爾（Gérard de Nerval）、波馬謝（Pierre Beaumarchais）、諾阿耶（Anna de Noailles）、庫特利納（Georges Courteline）

音樂界：琵雅芙、蕭邦、貝利尼（Vincenzo Bellini）、卡拉絲（Maria Callas）、普萊耶爾（Ignaz Pleyel）、布瓦爾迪厄（Adrien Boieldieu）、普朗克（Francis Poulenc）、凱魯畢尼（Luigi Cherubini）、比才（Georges Bizet）、保勳、伊熱蘭（Jacques Higelin）、穆斯塔基（Georges Moustaki）、薩爾瓦多（Henri Salvador）、李葛蘭（Michel Legrand）、培楚契雅尼（Michel Petrucciani）

電影界：梅里愛（Georges Méliès）、尤·蒙頓（Yves Montand）、特罕狄釀（Jean-Louis Trintignant）、夏布洛（Claude Chabrol）、奧菲爾斯（Marcel Ophuls）、姬拉鐸（Annie Girardot）、西蒙·仙諾（Simone Signoret）、巴舒（Claude Brasseur）、尤利爾（Gaspard Ulliel）

舞臺劇界：塔爾瑪（François-Joseph Talma）、伯恩哈德（Thomas Bernhard）、三月小姐（Mademoiselle Mars）、瑞秋（Rachel Félix）、德普羅熱（Pierre Desproges）、達克（Pierre Dac）

繪畫界：莫迪利亞尼（Amedeo Modigliani）、柯洛（Corot）、卡耶博特（Gustave Caillebotte）、畢沙羅（Camille Pissarro）、大衛、德拉克洛瓦、葛羅（Antoine-Jean Gros）、傑利柯（Théodore Géricault）、安格爾（Jean-Auguste-Dominique Ingres）

建築界：布龍尼亞、維斯康蒂（Louis Visconti）……、雕塑界（巴托洛梅、法爾吉埃Alexandre Falguière）、克萊桑熱（Auguste Clésinger）、大衛．昂熱斯（David d'Angers）、阿爾曼（Armand Fernandez）

美食界：帕爾芒捷（Antoine Parmentier）、布里亞—薩瓦蘭（Brillat Savarin）、梅尼爾（Antoine Brutus Menier）、德伯福（Sulpice Debauve）、拉杜雷（Louis Ernest Ladurée）

舞蹈界：鄧肯（Isadora Duncan）、佩雷蒂（Serge Peretti）、阿芙麗兒（Jane Avril）、塔里奧尼（Maria Taglioni）、富勒（Loïe Fuller）

科學與技術界：蒙日（Gaspard Monge）、商博良（Jean-François Champollion）、阿拉戈（François Arago）、傅立葉（Joseph Fourier）、若弗魯瓦．聖伊萊爾（Geoffroy Saint-Hilaire）、貝爾納（Claude Bernard）、熱爾曼（Sophie Germain）、給呂薩克（Joseph Louis Gay-Lussac）、布勒蓋（Louis Bregue）、居維葉（Georges Cuvier）、比安弗尼（Fulgence Bienvenüe）、布朗利（Édouard Branly）

政治和軍事界：西哀士（Emmanuel Joseph Sieyès）、福爾（Félix Faure）、奧斯曼（Georges-

Eugène Haussmann）、馬塞納（André Masséna）、勒費弗爾（François Joseph Lefebvre）、梯也爾（Adolphe Thiers）、康巴塞雷斯（Jean-Jacques-Régis de Cambacérès）、克勒曼（François Christophe Kellermann）、內伊（Michel Ney）、富瓦（Maximilien Sébastien Foy）

……不勝枚舉。這份清單必有遺珠之憾。目前有一份還在嘗試階段的清單，裡頭列出了近四千五百個名字；其中當然包括大家都耳熟能詳的一線名人，但是清單中絕大多數的名字並不是那麼出名。然而，這些已故之人在某個時代裡，都曾各自在他們的專長領域引領風騷。若在今天，他們的角色是如假包換的「網路紅人」；不是那種已經被濫用的貶意，而是真的留下了深遠的影響，以至於幾十年後，研究人員、歷史學家、協會和墓園愛好者仍在向我詢問有關他們的事情。事實上，每個月都會有新名字加入這份清單裡，這要歸功於許多人寄信或發電郵向我們提出的問題。最近，我們就透過這種方式將以下幾人的墳墓載入清單：史達林的私人祕書伯里斯．巴紮諾夫（Boris Bajanov）、自行車手和飛行員埃德蒙．歐德瑪（Edmond Audemars）、中國抒情詩人和間諜時佩璞、拿破崙及其將領在各種戰役中使用的折疊床發明者瑪麗．讓．德蘇什（Marie-Jean Desouches）。

這方面的工作讓我受益匪淺，它讓我暫時擺脫日常的例行公事和轉個不停的喪葬機關，可以投入部分時間研究這些逝者的故事，再藉由這些故事來瞭解更廣泛的歷史。事實上，我自己也曾在查閱的檔案中偶然發現重要人物的名字，瑪爾維娜．普蘭（Malvina Poulain）就是一例。在任何墓地特許權檔案中都不會提到什麼政治行動，但有一個小地方引起了我的好奇心：在逝者名單中，她的名字被紅色鉛筆圈了起來。為什麼用這個顏色的代號？我對顏色的編碼一無所知，好奇心不禁一發不可收拾。在網路上快速搜尋之後，我得知瑪爾維娜．普蘭曾是一名巴黎公社成員，與路易絲．米歇爾（Louise Michel）過從甚密。因此，對於前任守墓人來說，她很可能就是一位「紅色革命份子」。多虧了重重機緣，我們現在可以說，拉雪茲神父公墓裡埋葬著一位巴黎公社女社員，而在此之前，只有男社員的墳墓才有紀錄。

此外，一提到拉雪茲神父公墓，我們往往只想到那些偉大的男性，而忽略了長眠於此的傑出女性。近幾年有多項舉措旨在推動拉雪茲神父公墓女性文化遺產，例如導覽活動，或是像記者卡蜜兒．佩（Camille Paix）所著的《拉雪茲母親》（*Mère Lachaise*）等書籍。這裡的「偉大女性」非常多！從攝影師格爾達．塔羅（Gerda Taro）到畫家羅莎．邦賀（Rosa Bonheur）。還有女權主義活動家，例如記者於貝爾丁．奧克萊爾（Hubertine Auclert）、女同性戀作家莫尼克．維蒂格（Monique Wittig）和律師吉賽勒．哈里米（Gisèle Halimi），她們之中許多人都為婦女解放貢獻良多，另外一些則憑藉自己的才華在藝術界掀起革命。

人生如戲！

不計其數的電影和電視劇都在拉雪茲神父公墓拍攝。從藝術電影到寶萊塢電影，還有網飛（Netflix）和Disney+影集應有盡有，沒有意外的話，來自世界各地的導演在此拍攝的大多是葬禮。而墓園浪漫的景觀也經常是談情說愛的取景場地，這些場景或是充滿哲思，或是陳腔濫調，幾乎沒有折衷的中間地帶。有些場景則已成為經典畫面：例如衛斯．克萊文（Wes Craven）的《巴黎我愛你》（*Paris, je t'aime*）一片中，一對關係緊繃而且瀕臨分手的情侶在墳墓間徘徊，最後在奧斯卡－王爾德（Oscar Wilde）的墓前找到救贖之道；或是丹尼．拉馮（Denis Lavant）在李歐．卡霍（Leos Carax）執導的《花都魅影》（*Holy Motors*）一片中完全著魔的場景。為了滿足電影拍攝需求，同時尊重拍攝地點的完整性，與導演和技術團隊的事前準備工作極其浩繁。我們會定期提供一個地點給製片公司，讓他們製作假墳墓來模擬葬禮場景。另一方面，出於對逝者的尊重，在墳墓之間拍攝追逐或使用自動武器的場面是絕對禁止的。因此不太可能在拉雪茲神父公墓的走道上看到詹姆士．龐德的身影。

令人不勝唏噓的是，一些名人的墓地已經沒有後代來照看，因此墳墓外觀不再與他們的聲名相稱。也讓公眾不太諒解，他們往往認為是巴黎市政府怠忽職守，沒有進行必要的維護或修復工作。在此我們必須聲明：墳墓是私有財產，即使是名人的墳墓也不例外，政府無權過問。唯一的解決辦法是在法律許可的情況下，以墳墓被遺棄為由啟動收回墳墓的程序，如此一來那些受歲月侵蝕的墳墓就會成為巴黎市的財產。為了讓名人的墳墓重新恢復昔日面貌，這是唯一能讓巴黎市承擔修復費用的途徑。

詩人愛麗莎．梅爾科爾（Élisa Mercœur）和作家巴爾札克的墓地都屬於巴黎市收回的私人財產，也因而獲得修復。身為這些傳奇名人最後安息之地的守護者，這無疑是一種責任，但更是一種榮譽。他們的存在，還有我收到的許多關於他們的請求，促使我更深入地瞭解他們的職業生涯、作品、生活、喜怒哀樂、愛情，以及生命最後時光的經歷。面對如此眾多天賦異稟之人，一種親切感油然而生，我對他們產生了難以割捨的情感，但同時也保持著謙卑的距離。由於他們本身所代表的意義，加上公眾與他們之間的特殊關聯，都使得我特別關注他們的墓地。只要稍微有點暴風雨，我首先去察看的就是蕭邦的墓地，因為它緊鄰著幾棵大樹。二〇二一年十一月十三日，歌手艾哈邁德．卡亞的墓地遭到褻瀆，那真是一場悲劇，同時也激起庫德族群強烈的情緒反彈。在這場痛苦的磨難之中，我們已盡一切努力協助其家人和親友走出傷痛。

昨日的名人今非昔比，而今日的名人也不會是明日的名人。人的觀念是與時俱進的：詩人雅克．德利爾（Jacques Delille）在一八一三年的葬禮隆重轟動，如今已被世人遺忘。內伊元

帥的墳墓和在一八二〇年六月暴動中被皇家衛隊殺害的法律系學生尼古拉．拉勒芒（Nicolas Lallemand）的墳墓，據說早就是朝聖之地，並被畫滿塗鴉，比吉姆．莫里森的墳墓還要早。王爾德的墳墓也如出一轍，滿滿都是愛慕者親吻後留下的口紅印，直到二〇一一年才得以修復。事實上，對這座被列為歷史古跡的宏偉墳墓執行此等追思儀式，會破壞墳墓上的石頭，使得這位愛爾蘭作家的後人只好在墳墓周圍安裝有機玻璃保護板。王爾德的墳墓仍然是墓園中訪客最多的墳墓之一，但保勳的墓碑上現在也開始出現口紅印了……

吉姆．莫里森在墓園的知名度有一天會被取代嗎？約翰尼．阿利代無疑錯失了良機。這位「法國貓王」原本註定要在拉雪茲神父公墓長眠，但他身邊的人卻另有打算。我有時會想像他在墓園出現的話，將會引發怎樣的場面，然後自己嚇出一身冷汗：沒完沒了的歌迷隊伍、牛仔靴走在鋪石小徑上不停發出噪音、歌迷們大唱其流行曲、每逢紀念日都有成千上萬人聚集參加紀念活動、難以疏散的人潮、夜間入侵墓園想與偶像「共度漫漫良宵」[1]的人，而他的墳墓上當然少不了搖滾風格標記和其他幸運符……諸如此類。總之，我承認我很自私，但對於這位搖滾巨星最後選擇聖巴瑟米（Saint-Barthélemy）公墓作為安息之所感到無比欣慰，因為這讓我少了很多後顧之憂。

其他偉人則因缺席而顯得格外引人注目。維克多．雨果本應被葬在拉雪茲神父公墓第26分區的家族墓地，但感激涕零的祖國下令為這位《悲慘世界》的作者舉行國葬。一八八五年六月一日，「在世即已進入不朽之列」的雨果，在近兩百萬人的護靈下直接前往萬神殿。

拿破崙是正格的「拉雪茲神父公墓之父」。根據研究這位皇帝的專家說法，他本希望與「他的」元帥們長眠於一處，但迫於流亡命運而被葬在聖赫勒拿島上，後來才移靈至傷兵院的圓頂下安息。

有些輝煌人物曾在拉雪茲神父公墓短暫歇息，但已不再長眠於此。希臘女高音瑪麗亞・卡拉斯（Maria Callas）即是一例，其骨灰曾被安放在納骨塔中，後來才被撒入愛琴海。法國抵抗運動先驅讓・穆蘭（Jean Moulin）和推動廢除奴隸制的維克托・舍爾歇（Victor Schœlcher），這兩位偉人後來則移靈萬神殿。瑪麗亞・卡拉斯和讓・穆蘭曾一度長眠於納骨塔，後來空出來的骨灰龕，也沒有被管理單位重新分配給其他人，甚至還在骨灰龕貼了一塊牌匾以示紀念。至於維克托・舍爾歇，他的紀念碑上有雕塑家亞力克西斯・希波利特・弗洛芒格（Alexis-Hippolyte Fromanger）製作的高浮雕，現在只是個紀念性的衣冠塚，仍位於聖莫里斯大道（avenue de Saint-Morys）旁。

最後還有那些新聞記者宣稱「葬於拉雪茲神父公墓」的名人，但實際上他們只是在火葬場圓頂大廳舉行追悼會而已。這類資訊在社群網路上不斷循環，往往會讓粉絲心生困惑，而我們每次都要不留情地闢謠。最近的尚—皮爾．巴克希（Jean-Pierre Bacri）、菲利普．吉爾達斯（Philippe Gildas）、楊波．貝蒙（Jean-Paul Belmondo）和荷菁（Régine）就是如此。

名人往往有些相當八卦的社交圈子，例如碧翠斯．黛兒（Béatrice Dalle）有時會在社群網路上發文表示她在馬諾—索羅（Mano Solo）的墓前吸大麻。還有不合常理的要求，像是熱衷於下棋的作家雷蒙．魯塞爾（Raymond Roussel）希望被單獨埋葬在一個有三十二個位置（相當於棋盤格數的一半）的墓穴中。明星就是這樣時而展現任性，還有阿爾弗雷德．德繆塞（Alfred de Musset），他的隨心所欲在其墓誌銘中一覽無遺：

親愛的朋友們，當我離世
請在我的墓前栽一株垂柳
我愛它一簇簇葉片如淚
它的蒼白對我來說溫柔和珍貴
而它的輕盈綠蔭
將撫慰我長眠的大地

我們可是認真對待繆塞的柳樹。然而，無論我們如何盡力滿足他的心願、採取多好的方式，都不可避免地以失敗告終。幾十年來，即使管理部門一直努力尊重《羅朗薩丘》（*Lorenzaccio*）作者的意願，但陸續栽種的所有柳樹都有一個不幸的共同點：早夭。墓園土壤的性質，實在不適合這種需要涼爽且濕潤的土壤才能生長的樹種。最後一棵柳樹是在二〇二〇年種下的，據說它能適應乾燥的土壤。我們祝願它長命百歲。

如果有名人去世，我不需要閱讀手機上如雨般傾瀉而下的新聞快報。我通常很快就會從家人和朋友那裡得知消息，因為他們會發訊息問我：「是在拉雪茲神父公墓嗎？」同事或上級也多多少少會問同樣的問題：「由你張羅嗎？」我的回答通常是否定的，因為並不是每個人都下葬於拉雪茲神父公墓，而且遠非如此！坦白說吧，它不再是眾人心中的「永恆之所」了。來自蒙馬特公墓和蒙帕納斯公墓（Cimetières du Montparnasse）的競爭如火如荼。在聖日耳曼德佩人（germanopratin）[2]的圈子中，蒙帕納斯聽起來比拉雪茲神父更時髦，尤其是沙特（Jean-Paul Sartre）於一九八〇年代初期下葬於蒙帕納斯公墓之後。諸如賽吉．甘斯柏（Serge Gainsbourg）、蜜莉葉．達克（Mireille Darc）和賈克．席哈克（Jacques Chirac）都選擇此處長眠，藝術界和政治界的精英們現在比較傾心於這個左岸最大公墓的魅力，因為比起位於巴黎普羅大眾區的拉雪茲神父公墓，這裡比較不那麼偏僻。雖然「我的」墓園予人金碧輝煌的華麗印象，但它主要的服務對象是所有凡夫俗子，這樣也挺好的。自我接手以來，已有一萬一千人在此安葬或撒葬，而在同一時期只有十五位左右的名人加入墓園陣容，其中包括約瑟夫．喬福（Joseph Joffo）、米榭．李葛蘭（Michel Legrand）、瑪麗亞．勒福雷（Marie Laforêt）、安娜．凱莉娜（Anna Karina）、馬努．迪班戈（Manu Dibango）、伊迪爾、吉賽勒．哈里米（Gisèle Halimi）、克勞德．巴舒、伊夫里．吉特利斯（Ivry Gitlis）、艾蒂安．穆若特（Étienne Mougeotte）、加斯帕德．尤利爾和蒂埃里．穆勒（Thierry Mugler）。

真的，每次有公眾人物過世，都會在巴黎殯葬界這個封閉的小宇宙裡引起一定程度的騷動：這人會葬在哪裡？由哪家殯儀業者負責葬禮？是要土葬還是火葬？每個人都在思考這些問題，並在網路上搜索這位名人的訪談摘錄，說不定他本人曾提過自己的遺願。這種躁動並非出於病態的好奇心，而是基於職業良知。

雖然名人葬禮並不多見，但總會對墓園活動產生重大影響。以米榭•李葛蘭備受矚目的葬禮為例，二〇一九年一月二十七日星期日，記者們就已經大肆宣傳葬禮將於二月一日在拉雪茲神父公墓舉行的消息，但我並不知情。我只與他的遺孀瑪莎．梅里爾（Macha Méril）約好要討論墓地特許權，根本還不知道這位作曲家的安葬日期。有時還需要看看報紙，才會知道自己工作的墓園發生了什麼事情。

與往常一樣，每當媒體大張旗鼓地宣告有名人將安葬於拉雪茲神父公墓，管理處總機電話在第二天就會像協奏曲一樣響個不停；許多用戶希望能像米榭・李葛蘭一樣購買一塊特許權墓地，以待大限之日來臨時入土為安。如果米榭・李葛蘭能夠買到墓地，那顯然還有空的墓地，說不定還有一塊可以留給他們。我們總是平穩、不帶情緒地重複著一貫說辭：「只限於去世時以及特定條件下」才會分配到墓地。

一月三十日，瑪莎・梅里爾在盧森堡電視電臺（RTL）節目中宣稱，她已獲得「一塊位於拉雪茲神父公墓的墓地，她知道這正是米榭企盼的，距離幫助他創作《瑟堡的雨傘》（*Les Parapluies de Cherbourg*）電影配樂的摯友弗朗西斯・雷馬克（Francis Lemarque）不遠」。這兩位好哥兒們的相鄰只是一個偶然。我和我的前輩們碰到名人的話，都會盡可能避免重蹈吉姆・莫里森的覆轍，將墓地安排在四面沒有被圍住而且出入方便的地方。這樣做的目的是為了將來能輕易找到墓地的定位，同時保護附近墳墓的安寧，因為成群結隊的遊客出沒並不利於遺屬前來追思悼念。另一方面也是出於安全考量，因為名人葬禮當天通常會引來人潮聚集，不只文化界名人、部長、民意代表、粉絲，還有單純只是好奇的人和記者都會蒞臨。每一次，我們都必須與國家和地方員警協調，建立適當的安全措施，確保逝者家人能在最佳條件下進行葬禮。米榭・李葛蘭的葬禮也是如此，警方在葬禮現場設置路障並增派警力，讓〈我心之風車〉（Moulins de Mon Cœur）一曲的作者遺屬保有相對的隱私空間。

在人多的情況下，有些家屬明確希望保有嚴格的私密性，因此他們一定不會向媒體透露葬禮的地點、日期和時間。就算做到這樣，也還會有一個簡易安全舉措，以防止什麼人向媒體洩露任何資訊，就像瑪麗亞．勒福雷的葬禮一樣。

無論媒體報導與否，所有這些藝術家的葬禮都與眾不同；能讓我的工作沾點名人光環，倒還挺不錯的。只是，他們身邊的人（配偶、子女、朋友、經紀人、新聞發言人等）與其他所有逝者家屬沒什麼兩樣，在安排葬禮時往往完全不知所措。我的職責就是盡可能陪伴他們，讓他們能實現心中最重要的事情：在藝術家永遠謝幕之前，為他獻上其職業生涯中最後一場精彩演出。

1 譯注：原文為「retenir la nuit」，是由約翰尼．阿利代演唱的歌曲。
2 譯注：指在聖日耳曼德佩區出沒的文青。

CH19
來自同一世界
Du même monde

我認識許多巴黎人，他們跟我說想離開巴黎，強調他們需要重新與大自然接觸、聽聽鳥兒高歌、聞聞新剪的草皮散發的清新味道；因新冠疫情而實施的封城政策，讓許多人下定這樣的決心。我理解他們的動機，但我並不想步他們後塵。我在一個擁有兩千名居民的鄉下市鎮長大，青少年時期最奢侈的享受就是每個月搭一次火車去「首府」，然後在法雅客（Fnac）或吉貝．喬瑟書店（Gibert Joseph）把我的零用錢給花光。

現在我住在巴黎，我覺得已經如願以償，又何必回到鄉下呢？我喜歡巴黎，因為在這裡我可以做一些在外省沒法做的事，比如在中午到下午兩點之間購物，或一大清早在人煙稀少的塞納河岸邊慢跑邊欣賞美景。奇怪的是，我不再去吉貝．喬瑟書店，也很少去法雅客。

有一個解決辦法：正如我前面提過的，拉雪茲神父公墓有時讓我產生我其實活在鄉村的錯覺。它位於巴黎市中心，卻讓我有機會聆聽寂靜、欣賞種類繁多的野花，並且觀察各種野生動物。枉費我在一個田野環繞的小鎮長大，卻從未見過如此多的野生動物，直到我開始在拉雪茲神父公墓——巴黎市內占地最大的綠地——工作和居住。

雖然拉雪茲神父公墓的生態價值已不再引起爭議，但它在生物多樣性方面的重要地位，卻是最近才形成的。多虧強勢回歸的植物生態，要不然過去數十年的政策都在致力消滅或冷落園內植物，近幾年花草樹木才開始大舉反撲、盡情生長。

事實上，在拉雪茲神父公墓落成初期，植物草木欣欣向榮——別忘了當初布龍尼亞將墓園設計為一座英式花園。遺憾的是，園內植物面積卻在十九世紀時，如同巴爾札克小說中的驢皮不斷縮小。墓園受自身成功之累，永久墓地使用權的需求也大增，布龍尼亞的設計也因而被行政部門變更；植物生長的面積越縮越小，以便騰出新的土地來設置墳墓。光是大規模地提高墳墓的稠密度遠遠不夠，所以我們也看到拉雪茲神父公墓不得不進行了五次擴建。最後一次是在一八五〇年，也是最大規模的一次，面積達十七公頃。位於前夏宏高原上的擴建墓園，與最初建在耶穌會士舊領地山坡上的花園式墓地風格截然不同。事實上，在如今編號第80～97的這些新分區中，墳墓被完美地安排在精確的方格圖案裡；植物幾乎沒有任何生長空間，只能退居次要地位。只有分區邊緣種植了一些排列整齊的樹木，還有一些用來區隔內部空間的筆直樹籬，看起來有點畏畏縮縮。

與此同時，當時正方興未艾的各色各樣墓碑，在墳墓主人的要求下都覆以花卉圖案，著實令人啼笑皆非。這些圖案不僅具有裝飾性質，還蘊含著非常明確的含義：三色堇象徵回憶、罌粟象徵永眠、蠟菊象徵不朽、常春藤象徵依戀、百合象徵純潔、月桂象徵著永恆的榮耀、薊花象徵苦難、棕櫚象徵榮譽等，通常以淺浮雕形式出現在墓碑、門廊或小禮拜堂門上。二十世紀時，農藥產品的出現讓墳墓之間最後的野花隨風而逝，而人造花的流行也恰逢其時，許多家庭紛紛臣服於其價格便宜、無需澆水且壽命長達數年的優勢。

俗語說得好：「違反自然，它將快馬加鞭東山再起！」[1] 拉雪茲神父公墓也不例外。首先造反的是樹木。它們不甘心被井然有序地對齊站好，因此很快就再次占上風，將勢力延伸到石碑之上。它們來自各不相同的地方（可能只是風吹過來的種籽，或是周圍樹木的根芽），但都有一個共同點，就是在廢棄的家族墓地上長得亂七八糟。大自然霸氣歸來，在某些地方形成令人印象深刻的景象：樹根像八爪章魚一樣纏繞整個墳墓、樹幹將石頭從中劈開並將其全部（或部分）大口吞噬，甚至可以看到樹幹底部露出一截金屬桿，那是早期鐵柵欄被樹鯨吞蠶食之後的殘骸。

最無所忌憚的樹木，更毫不遲疑地攻擊殯葬小禮拜堂。這邊有一棵楓樹的根已經爬滿建築物的接縫處；那邊有一棵槐樹已經占據小禮拜堂的內部，還刺穿屋頂；更有一棵年輕梧桐樹直接在小禮拜堂屋頂開枝散葉，就長在經年累月堆積的土塵之間……這些如貪食蛇的樹木很合理地被拉雪茲神父公墓的愛好者稱為「噬屍樹」（avaleurs），且大多出現在俗稱「浪漫地帶」的區域（此處的植物與喪葬元素緊密交織，遂得此名）。

如今，這座墓園擁有八十多個不同的樹種，總計將近四千多棵樹，平均每十七座墳墓就有一棵樹。這些樹木包括栗樹、楓樹、椁樹、橡樹、梧桐、崖柏和椴樹。墓園裡還有不下九棵高齡老樹，其中一棵是矗立在巴黎公社社員牆之前的歐洲七葉樹，雄偉異常，種植於一八八〇年，高二十公尺，圓周長是三．四五公尺，非常值得一看。在第75分區還可以欣賞到一棵來自亞洲的古塔膠樹，又被稱為「橡皮樹」，因為它的汁液能產生一種黏稠的乳橡膠。最後還有體型較小，但對墓園生物多樣性同等重要的小灌木，它們通常在廢棄的花壇中安家落戶。

除了這些可觀的樹木文化遺產，墓園現在還擁有豐富的植物群，這些植物自二〇一五年逐步停用農藥產品以來便重新回到舞臺。野生花卉重新占領墓園每一個角落，無論是人行道、小徑、墓穴之間的空間，以及被忽視的花槽，都自動自發地再度充滿蓬勃綠意。現在沿著墓園小徑走，可以觀察到五花八門的物種，包括常見的歐亞路邊青、蒲公英、蔥芥、森林勿忘我、白屈菜、雛菊和常見的蛤蟆草。野生蘭花（尤其是火燒蘭）也東山再起。開花植物（像是耬斗菜、瑪格麗特、金盞花、葡萄風信子）則盡可能被保留不剪，因為它們豔麗多彩的儀態有助於提升墓園的漂亮形象。

漢葒魚腥草和鐃鈸花（又稱「羅馬廢墟」）輕鬆自如地在墳墓接縫處攀爬，常春藤則盡職地覆於其上。各種圍牆和擋土牆上長滿了凌亂奔放的蕨類植物，如鐵角蕨和歐亞多足蕨。大自然從不錯過嘲弄人類的機會，在墓園的一處高原上，因為過於乾燥，所以這裡的植物草木自墓園整治之初就被清除得乾乾淨淨，最近卻長出一些特殊的植物！第92分區能發現在大巴黎地區非常罕見的閃亮小鸛草，而每年春天也都能在第81分區欣賞到屬於保育類的小花毛茛。有時候，如果野花沒有自然生長的條件，管理部門就會助其一臂之力。墓園各分區內部，掘墓人正逐步清除幾十年前允許各家各戶鋪設在墳墓腳下的石版路面，並以土壤取而代之，日後可年復一年地讓草木叢生。至於人行道，園丁們在上面鋪了巴黎市園藝中心溫室裡培育的草坪，或播下以三葉草為主的種籽。多虧這些行動，自二〇一六年以來，已有八千兩百五十平方公尺的人行道鋪上了草坪。這只是個開端而已，既定目標非常明確，那就是：全面綠化。

氣色好得像馬鈴薯

安托萬．奧古斯丁．帕爾芒捷（Antoine Augustin Parmentier）是一位軍隊藥劑師兼農學家，畢生致力於宣傳馬鈴薯的營養價值。他在七年戰爭時被俘虜，被關押在普魯士期間發現了這個著名的塊莖。

法國直到一七七二年才正式宣佈馬鈴薯可以食用，但法國人在之後很長一段時間裡仍認為該作物只能拿來餵豬。帕爾芒捷並未因而氣餒，照樣堅持不懈地推廣馬鈴薯，直到獲得路易十六大力支持並允許他種植五十四「阿龐」（arpent）[2]的「帕爾芒捷」，當時的馬鈴薯也以他為名。此一認可逐漸改變了馬鈴薯的形象：馬鈴薯不再只是窮人的專屬食物，從此也堂而皇之地成為皇室餐桌上的佳餚。如今的馬鈴薯已成為主食，不僅以各種不同方式烹調，也佐以各類醬汁食用。

為了向帕爾芒捷表達敬意，熱愛薯條或薯泥焗牛肉的人經常在他的墓前擺放馬鈴薯，有時還挺別出心裁的。特別有一次是打著領結的馬鈴薯，看起來時髦極了，讓人觀察好幾個星期都不厭倦！

帕爾芒捷的墳墓位於第39分區，墓前精美的淺浮雕描繪著農具和他研究的植物。如今他的墳墓在拉雪茲神父公墓的地位，就像馬鈴薯在我們飲食當中的地位一樣：不容錯過。

據我所知，沒有任何歷史資料可以讓我追溯拉雪茲神父公墓內動物群的演變過程，但在墓園墳墓密度變高以及墓園周邊地區城市化之前，很有可能就有狐狸生活在這裡。至於鳥類則似乎一直都很多，因為周遭樹木比比皆是。

與植物如出一轍，動物圖案也常出現在墳墓上，而且同樣有非常特殊的象徵意義。狗當然是忠誠的象徵。蝴蝶因壽命很短，象徵著曇花一現的存在。在夜間視力炯炯的貓頭鷹則代表能戰勝黑暗，猶如透視千里眼。蛇代表康復或再生，因此經常出現在醫生的墓碑上，並以纏繞在希臘醫神亞希彼斯（Aesculapius）手杖上的形象出現。至於鵜鶘，則象徵著捨己救人和父母之愛，被雕刻成刺穿胸膛並用自身鮮血餵養幼鳥的圖案。最後是象徵勤勞工作的蜜蜂以及代表純潔天真的白鴿。

有些與墳墓關係匪淺的動物則是活生生的，而非雕刻的裝飾品，像是貓。牠們喜歡懶洋洋地在墳墓上休憩、視墳墓為睥睨群雄的寶座，或在天氣不好時躲藏其中。無論是石灰岩小禮拜堂、白色大理石棺材、花崗岩墳墓或只是簡單的花盆，各種喪葬建物牠們都能適應無礙。牠們總是陪伴在逝者身側沒天沒日地午睡，溫柔的呼嚕聲似乎並沒有打擾逝者安息。牠們與墳墓休戚與共，幾乎成了墓地藝術的一部分，令遊客們欣喜不已、難以抵擋其魅力。不過還是要注意：並非所有逝者都受牠們青睞……也沒有什麼等待名單，貓咪們隨心所欲地選擇想待的墓地，當然是無法未卜先知的。這些貓咪整天蹲在墓碑上，幾乎與其融為一體，所以我給它們起了個綽號叫「墓貓」（chatombales）。

還有一些比較鮮為人知的哺乳動物，讓拉雪茲神父公墓的「動物寓言集」更形豐富，尤其是一種身長約五十公分的小動物：牠們白天在廢棄古老墓穴裡睡覺，晚上才出外覓食。我說的是石貂，這種鼬鼠臭名遠揚，據說會偷吃雞，而且體味臭氣薰天。但我真的很喜歡這些小石貂。我最喜歡看牠們行動，牠們似乎不能正常走路，只能用後腿蹦來跳去。

事實上，牠們身手矯健，靈活得很，不僅能潛入任何地方，還能以驚人的速度攀爬樹，或迅速登上小禮拜堂的屋頂。與石貂邂逅的機會非常少，但每次都會讓我在驚嘆之餘又帶著幾分悸動。我已記不清有多少次因為在這種野生動物面前過於激動，而錯過了拍攝良機。我其實也很明白，拼命刻意尋求與牠們面對面接觸是沒有意義的；牠們的出現是種種謎團，完全沒有必要試圖揭開其神祕面紗。正是因為這種神鬼莫測的機遇，才讓牠們如此無價。如果幸運之神降臨，石貂通常會很好奇地爬上墓碑擺出各種姿勢。我們總是對視很長一段時間，以至於我有時會想：這個狡猾的小動物看著我時，心裡到底在想什麼？「又是他？」「回去看你的狐狸啦！」「你想要我的照片嗎？」我和牠沒有任何共同之處，但我們只要互相心領神會片刻，就能認識到彼此的存在，並瞭解道：即使我們之間存在著差異，也屬於同一個世界。

Nature）作品中的開頭詩句。安娜．德諾阿耶在凝視大自然以及重新與大自然建立聯繫之際，描述了我們內心所渴望並為之相繫的迫切需求：

蒼穹安憩於心靈深邃的大自然
沒有人像我一樣炙熱地愛著
白晝的光輝和萬物的溫柔
波光粼粼的水面和孕育生命的大地
森林、池塘和肥沃的平原
比人類的目光更令我目不轉睛
我寄託於世界之美景
手執四季芬芳

1 譯注：原文為「Chassez le naturel, il revient au galop」，有「本性難移」的引申意味。

2 譯注：一阿龐約等於〇・三四二公頃。

CH20
死亡無疑是最不想做的一件事
Mourir est vraiment la dernière chose à faire

我很喜歡吉姆．莫里森，但我更喜歡莫里西（Morrissey），他是英國經典樂團史密斯合唱團（The Smiths）的主唱。該樂團在一九八六年發行的專輯《吾后亡矣》（*The Queen is Dead*）收錄了一首名為〈地獄之門〉（Cemetry Gates）的歌曲，描述兩位朋友在墓地漫步時的對話。在這首歌中，莫里西演唱的這段歌詞，茲翻譯如下：

> 然後我們進入（在墓園裡）
> 莊嚴地閱讀墓碑
> 所有這些人，所有這些生命
> 現在都去了哪裡？

當我走在墓園小徑上時，常回想起這些歌詞。這些名字刻在墓碑上的人是誰？他們曾經墜入愛河嗎？他們是好人還是壞人？他們生前幸福嗎？他們從事什麼工作？他們有熱愛的事物嗎？他們有好好享受生活嗎？最重要的是，今天還有誰記得他們？

所有這些問題都很少有答案。很多時候，墓碑上只刻著名字和姓氏，還有只能讓我們推斷出這些人死亡年齡的日期。從相當普遍的宗教符號中能推斷出他們的信仰，而在類似情況下，也可能從一個圓規和一把曲尺推斷逝者是共濟會成員。其他線索還有墓碑的形狀，例如截斷的圓柱表示死者英年早逝，留下了未竟的人生。

有時在逝者的身分下方會標明其從事的職業；如果沒有的話，就得參考可能的裝飾圖案或符號，不過這通常只適用於那些以墳墓作為追思場所的大人物。像是阿蘭．保勳的墓石一角刻有黑膠唱片的溝槽，而奧古斯特．克萊桑熱為蕭邦創作的大理石雕塑，則是一尊手持著里拉琴的音樂女神尤特碧（Euterpe）。至於畫家的墳墓，通常用調色板來暗喻其職業。泰奧多爾．傑利柯（Théodore Géricault）就是如此，我們可以看到他躺在墓前，重現他因騎馬事故致殘後畫畫的姿態，手裡拿著不可或缺的繪畫工具，俯瞰著以他最著名作品為題的淺浮雕。如果逝者是某項發明的作者，墓地上有時會放上這項發明的記號：比如在澤諾布．格拉姆（Zénobe Gramme）的墳墓可以看到發電機的感應圈，在克洛．沙珀（Claude Chappe）的墳墓上可以看到電報機。在第86分區有一座引人注目的墓碑，那是馴獸師讓—巴蒂斯特．佩松（Jean-Baptiste Pezon）的墳墓，上頭是他騎著獅子的雕像。拉雪茲神父公墓還有許多軍事名人的陵墓，通常都裝飾著頭盔和武器。

比較罕見的是墓碑上出現逝者的死因，尤其是悲劇事件。索菲．布朗夏爾（Sophie Blanchard）墳墓的球形頂部刻畫了火焰，暗示這位著名飛行員在駕駛熱氣球時不慎失火身亡。另一座傑出的馬術雕像，則重現身負重傷的戈貝（Jacques Nicolas Gobert）將軍從駿馬上跌落的情景。

所有這些雕刻或鐫鑿著眾多謎題的喪葬排場，實際上提供許多線索，讓我們能按圖索驥，瞭解這些人在社會中的地位。然而，即使墓碑上裝飾著一張通常看起來非常感人的老照片紀念浮雕，但逝者的真實個性、愛恨情仇、喜好與熱情……對我們來說仍然是一個謎。

最後一線希望就在於墓誌銘。我們希望這些被永恆鐫刻於墓碑之上的資訊，能揭開所述之人的性格一隅。前提當然是言由衷發，但實際情況可能不盡如人意，尤其是在閱讀十九世紀的某些銘文時。當時的風尚是美化逝者的品德，盡情堆砌各種可以想像得到的優點：溫柔賢妻、傑出之友、純潔的靈魂、忠誠良人、姐妹情深、公正不阿、秀外慧中、乖巧之子、虔誠之人、高風亮節……在第57分區的一座墳墓上，還可以看到一個生動的例子：

敬我們的女主人。

她苦於沉　宿疾，死亡厄運瞬間將她從我們身邊奪走。與如此可敬的善良女主人永別令我們悲痛欲絕，她素為賢女、賢妻、賢母。工人亦視其如母，慈愛取之不盡、用之不竭。在她前往天人永隔深淵之際，眾人於此訣別，生命皆當終止，無人能倖免。其音容將永銘於眾心之間。

永別了，親愛的女主人。永別了。

在那個充斥著黯然神傷墓誌銘、熱衷於對逝者歌功頌德的時代裡，當然也有一些反例。首先來看一個非常簡短的墓誌銘——唉！」（Hélas）——適度又高明，就在蓄水池小徑（Chemin de la Citerne）旁的羅索（Loiseau）墓碑上，言簡意賅。不遠處，在第50分區靠近聖莫西斯（Saint-Morys）大道的一座墓地上，一位鰥夫刻下了「等我良久」的墓誌銘，看來他可能喜悅多於悲慟，是一種被虐式的愛情。如今個性化墓誌銘已經過時，標準化字樣取而代之。只需從目錄中挑選，再大量複製到大批量產的喪葬紀念牌匾上即可，到頭來已經沒有什麼意義可言。舉例說明，在法國和納瓦爾的所有墓地中一些被複製到爛的經典作品：

時間流逝，記憶永存。真的有人相信嗎？雷歐費亥（Léo Ferré）是這樣唱的：「隨著時間流

Ses amis

逝，一切都消逝了……」

願你安息甜美，如你美好的心。因心臟病發而死亡的話不適用。注意，這句是以十二個音節為行的亞歷山大詩體（alexandrine）。

鶯兒啊，如果你飛越這座墳墓，請為它歌唱最動聽的曲子。我從來沒有在墓園看到過這麼多熱愛鶯鶯燕燕的人。話雖如此，我非常喜歡在墳墓上賦予生命的概念。

無論我做什麼，無論我在哪裡，沒有什麼能將你抹去，我想你。有時從流行歌曲中摘錄的歌詞也能奏效。來自讓—雅克．高德曼（Jean-Jacques Goldman）的名曲〈而不是你〉（Pas Toi）中的這段歌詞，已成為這類墓誌銘的主題曲。

幸好墓地上擺滿了親人放置的私人物品，可以彌補這種了無新意的葬禮文辭。這些物品五花八門，有些非常俗氣，像是塑膠心形裝飾、陶瓷做的花、陶器和玩偶、圖畫和詩歌，當然還有照片。在這些小擺飾中間，有時會出現用以緬懷逝者愛好的喪葬紀念牌匾，比如「橋牌俱樂部回憶永存」、「致安德列，滾球聯誼會」、「懷念，合唱團的朋友們」……

當我在拉雪茲神父公墓的小徑間穿梭時，我總在尋找那些別於庸俗的個性化獻禮。儘管我周圍都是殯葬文物的珍品，但沒有什麼能像那些不矯飾卻充滿濃烈情感的物品更能讓我為之動容。就像莫里西一樣，我對所有這些生命都充滿好奇，而這些留言讓我感覺與那些長眠在我腳下的人共享某種程度的隱私。僅只簡單的隻字片語，也足以激發真摯的情感。有些留言直觸我心靈深處，尤其是那些在孩子們墓前的留言，讓人無法不為之神傷，而放在石版上的父母親筆信或兄姊的圖畫也總令人心碎。其他墓誌銘則會引起共鳴或激動，令人反躬自省或異想天開，或甚至莞爾一笑。納骨塔裡有相當多充滿個人特色的致敬之物，似乎因為沒有單獨的墳墓，所以遺屬們都希望安放親人骨灰的龕位能與眾不同。這也是為什麼，我喜歡在這偌大建築裡的陰冷幽暗長廊中漫步的原因之一。在我安步閒晃之際，總希望能碰巧發現一些出人意表的碑文，這樣我那張已經很長的墓誌銘清單就可以再增添幾筆紀錄。比方地下二層的一個龕位上寫著「死亡真的是最不想做的事情」，在外面的一個無名氏龕位上則只寫著「不，就是不」。沒有比這更神祕的了！但我最喜歡的還是手風琴家喬．普里瓦特（Jo Privat）的墓碑，上面刻著充滿黑色幽默的墓誌銘：「這裡躺著一個硬漢」。

墓園小徑兩旁也不惶多讓，在兩座氣勢非凡的墳墓之間，遊客會看到一些生花妙筆。像是「獻給我已故的丈夫和他親愛的妻子」，這讓人不得不懷疑該家庭的組成份子到底為何！這毫無疑問是個疏忽。第11分區有一座拉雪茲神父公墓中最別出心裁、最浪漫不逾也最動人心絃的墳墓。我們可以在此看到費南．阿伯羅（Fernand Arbelot）呈仰臥之姿，雙手捧著妻子恩麗葉（Henriette）的臉。墳墓腳下鐫刻著一段墓誌銘，表明這對夫婦情深愛重：「他們對於這段將他們帶到生命盡頭的美麗旅程驚嘆不已」。

在詩人紀堯姆．阿波里奈爾的墳墓石版上，遊客需要費些功夫才能解讀排成心形的圖形詩：「我的心如同一團倒置的火焰」[1]。有些墓誌銘彼此之間還會出人意料地互相回應。在第75分區，作家皮埃爾特．弗盧提奧（Pierrette Fleutiaux）的墓前寫著「我們會幸福嗎」這樣一個問題，再往前幾個分區的卡米爾．若爾當（Camille Jordan）小徑之旁，我們就可以在作家馬塞爾．莫羅（Marcel Moreau）的墓碑上讀到「我有死以來第一次感到幸福」的銘文。

其他墳墓主人也不吝于展現幽默，有助於緩和墓園的嚴肅氣氛。在離皮埃爾．德普羅熱（Pierre Desproges）墓地不遠的地方，其好友作家吉恩—路易．富尼耶（Jean-Louis Fournier）在妻子希薇（Sylvie）的墓上鐫刻著「最後，我們不會後悔來過」這樣一段諷刺意味十足的墓誌銘。在另一個墓誌銘中，某位親人覺得有必要註明逝者「去世時身體健康」，實際上也表達了每個人衷心所願：能夠壽終正寢。戲劇製作人赫米．亨利（Rémy Henry）仍然健在，卻提前準備了墓誌銘，內容是「製作人長眠於此，但好戲還在後頭」。最後，一位傷心欲絕的母親在英年早逝的兒子墓前刻下了「去你媽的」的墓誌銘，這可以視為是上述「唉」的現代版本，可謂笑中帶淚。

還有一些墓誌銘相當耐人尋味，讓人恨不得能找到破譯的關鍵。其中一個最近安上的牌匾困擾了我好幾個月：「誰做的決定？二〇一七年十月六日，丹吉爾賭場」。我真的很想知道這葫蘆裡賣的是什麼藥……喬治．庫特利納的墓誌銘也頗具啟發性：「我生來就是為了保持年輕，我很榮幸於不再年輕的那一天對此有所領悟。」

最後來看一些傳承永恆真理，但無情地將我們打回凡人境界的墓誌銘。比如《傳道書》（*Ecclésiaste*）中的一句名言「虛空的虛空，凡事都是虛空」。在拉雪茲神父公墓這座追求死後虛名的聖殿讀到這句話，可能會讓人會心一笑。另一個比較令人不寒而慄的例子則在第84分區：

離去的行人啊
如你我也曾離去
如我你也會逝去

在所有這些墳墓和墓誌銘面前，有時我會放下專業眼光，被存在主義的問題所困擾……那我呢？我如何面對自己的死亡？我當然會思考這個問題。不至於翻來覆去一直想，但可能比一般人想得更多。我從小就一頭栽進殯葬業，而且命中也註定，我成年後每天都會接觸到死亡。我不可能對自己的死亡問題視而不見，尤其是在我的工作過程中，我經常會遇到和我同輩、同年齡甚至同名的人去世。死亡不會讓我感到困擾，我只是透徹領悟死亡不可避免，而且隨時可能發生。我並不害怕死亡。我唯一恐懼的是在大限之日來臨時，我覺得還沒有活夠。人生有時而盡的這個想法，成為一股真正的動力，就像生命裡的一帖壯陽劑，賦予我前進的能量和勇氣，讓我不再怠惰因循、勇敢接納現實、不陷入自憐自艾。簡而言之，思考自己的死亡這件事，在在鼓勵我要及時享受生活。

我的墳墓會是怎樣的光景？當然，我有時也會思考這個問題，但和許多人一樣，我沒法預先規劃。仔細想想，我想我會喜歡相當寬敞的墓地，這樣我就可以和我太太以及孩子們一起在那裡安息（如果他們願意的話）。墳墓也許設計成一個小花園，中間種上一棵灌木讓知更鳥來築巢，再放上一張小長凳供前來悼念或路過的人坐下歇息。在墳墓石版上頭，除了風趣的墓誌銘，還有一個二維條碼可以連結到我的Instagram帳戶，這樣即使我死後還能繼續被「按讚」。另外，地面上會放一個花盆，留空以收集雨水，讓狐狸來喝水，或是讓鳥兒來洗澡。

總之，我希望我的墳墓是一個生氣盎然的地方。

1 譯注：把心型上下顛倒就是火的形狀。

附錄：殯葬象徵符號詞彙表

殯葬象徵符號並無官方定義，其解讀因個人和情境而異。只是關於本書中出現的符號，以下提供一些解讀的關鍵，按出現順序排列。

天使：上帝的使者，是生者和死者之間的媒介。

銜尾蛇：蛇盤繞成圓，並咬住自己的尾巴，象徵著永恆。

香爐燈：它散發的煙霧裊裊升向天空，象徵著亡者的靈魂。

松果：象徵生命能量，代表動植物不朽的生命。

船錨：與斷裂的繩索有關，象徵著生命因死亡而畫下句點。

鵜鶘：經常被描繪成自己胸膛，用自身的鮮血餵養雛鳥，代表基督的犧牲奉獻，也代表父母之愛。

斷柱：象徵英年早逝，通常出現在年輕逝者的墳墓上。

天秤：正義屬性，意味著最後的審判。

常春藤：常綠植物，象徵依戀和永恆的愛。

花環：它所形成的圓圈無始無終，代表著永恆的循環和重生。

眼淚：以小水滴形狀呈現，象徵哀悼和悲慟。

雙手合十：形成盟約，代表著愛情和死後關係的延續。

面具：戲劇面具的悲劇表情，呈現人們的痛苦和悲傷。

貓頭鷹：夜行動物，象徵戰勝黑暗，以及洞察力。

蝙蝠：可怕的生物，象徵著引導亡靈穿越黑暗的能力。

白鴿：和平的象徵，同時也代表純潔、天真和謙卑。

鐮刀和倒立的火炬：鐮刀代表收割生命，象徵死亡（死神）；火炬朝下代表逐漸熄滅的生命。

蜂巢：蜜蜂與勞動有關，而蜂巢象徵工作。

棕櫚葉：象徵著在生前獲得榮耀和榮譽的傑出人士。

蝴蝶：生命曇花一現的昆蟲，提醒人們生命苦短又脆弱。

有翼沙漏：象徵時間流逝；而翅膀能指引逝者的靈魂飛向天堂。

哭泣女：披著黑紗，在逝者墓前哭泣，代表悲傷、哀慟和哀悼。

狗：人類最好的朋友，代表忠誠。

在拉雪茲神父公墓裡還有許多其他殯葬符號，比方雙耳尖底酒甕（amphore），在人們的想像之中，可以用來盛放親人的眼淚。

墓碑上還常有許多宗教符號。有些是描繪上去的，例如法版、大衛星、打開的聖經、聖杯等；有些是雕刻，像是基督符號，就由耶穌基督的希臘文字首X和P組成，旁邊通常還有字母阿爾法（α）和歐米茄（Ω），象徵基督的永恆。

植物符號在墳墓上出現的機率也很高（其象徵意義參見〈來自同一世界〉一章），讓這些墳墓成為名副其實的植物標本石製圖鑑。

Tant aimé

誌謝

感謝愛德華．布隆—克魯澤爾（Edouard Boulon-Cluzel）：如果不是有一天他聯繫我並提出這個想法，這本書就不可能存在。我要感謝他在本書寫作過程中提供校對和建議。我們看過冥冥中許多跡象，也經歷過驚險時刻，但整個過程都是激動人心的冒險。

感謝競技場出版社（Les Arènes）的讓—巴蒂斯特．布哈（Jean-Baptiste Bourrat）：感謝這位才華出眾的編輯以及他對這個瘋狂計畫的信心，即使我當時的「作品」只是Instagram上的幾則貼文而已。還要感謝競技場出版社的所有夥伴，我相信對他們來說，拉雪茲神父公墓已經沒有什麼祕密了！

感謝我的妻子珂瓏貝：在我撰寫手稿的過程中不斷鼓勵我、不僅幫我校對手稿並提出了許多改進的建議。感謝她在我面臨寫作挑戰而陷入壓力和自我懷疑的境地時，給予我支持。

感謝所有讓我感受到愛的人：我的孩子、我的父母、我的兄弟、我的家人、我的親家和我的朋友。

感謝我的同事兼好友傑羅姆．埃克（Jérôme Ecker）和亞諾．舒恩海爾（Arnaud Schoonheere），他們校對我的作品，也給予我建議和批評。

感謝我的雇主，巴黎市政府，給了我擔任守墓人的機會。感謝自二〇〇六年以來我所有的上司——凱薩琳．霍克（Catherine Roques）、帕斯卡．艾爾維．丹尼爾（Pascal-Hervé Daniel）、馬克．佛竇（Marc Faudot）和席帆．艾科（Sylvain École）——對我的信任和支持。

最後，我要感謝巴黎公墓管理處的所有工作人員，他們以極大的熱情和奉獻精神投入自己的工作，我能在不同崗位上與他們共事，深感榮幸。與他們共事是十足的樂趣，也是本書的靈感來源。

參考文獻

Ariès, Philippe, *L'Homme devant la mort*, Seuil, Paris, 1983.

Barozzi, Jacques, *Guide des cimetières parisiens*, Hervas, Paris, 1990.

Bertrand, Régis, grouD, Guénola (dir.), *Patrimoine funéraire français, Cimetières et tombeaux.* Éditions du Patrimoine, Paris, 2016.

Beyern, Bertrand, *Mémoires d'entre- tombes*, Le Cherche midi, Paris, 1997.

Caillot, Antoine, *Voyage pittoresque et sentimental au champ de repos sous Montmartre, et à la maison de campagne du Père-Lachaise, à Montlouis*, Paris, 1808.

Charlet, Christian, *Le Père- Lachaise. Au coeur du Paris des vivants et des morts*, Gallimard, Paris, 2003.

Dansel, Michel, *Les Lieux de culte au cimetière du Père-Lachaise*, Guy Trédaniel, Paris, 1999.

Dansel, Michel, *Au Père- Lachaise, son histoire, ses secrets, ses promenades*, Fayard, Paris, 2007.

Duhau, Isabelle, grouD, Guénola (dir.), *Cimetières et patrimoine funéraire.* Étude, protection, valori sation, Paris, Ministère de la Culture, direction générale des Patri moines, 2020.

Healey, Catherine, bowIe, Karen, bos, Agnès (dir.), *Le Père-Lachaise, Paris, Action artistique de la Ville de Paris, 1998.*

Horvilleur, Delphine, *Vivre avec nos morts, Grasset*, Paris, 2021.

Langlade, Vincent de, *Ésotérisme, médiums, spirites du Père-Lachaise*, Vermet, Paris, 1982.

Le normanD- romaIn, Antoinette, *Mémoire de marbre. La sculpture funéraire en France : 1804-1914, BHVP, Agence culturelle de Paris*, Paris, 1995.

Marchant De beaumont, *François- Marie, Manuel et itinéraire du curieux dans le cimetière du Père La Chaise, Emler frères*, Paris, 1828.

MichauD- nérarD, François, *La Révolution de la mort, Vuibert*, Paris, 2007.

Moiroux, Jules, *Le Cimetière du Père-Lachaise*, Paris, 1909.

Paix, Camille, Mère Lachaise. *100 portraits pour déterrer le matrimoine funéraire*, Cambourakis, Paris, 2022.

Raimbault, France, *Le Père-Lachaise. Guide du flâneur, Alan Sutton, Saint-Cyr-sur-Loire*, 2006.

Rheims, Nathalie, *Le Père- Lachaise. Jardin des ombres...*, Michel Lafon, Paris, 2014.

Richard, *Le Véritable Conducteur aux cimetières du Père La Chaise, Montmartre, Mont- Parnasse et Vaugirard, Terry*, Paris, 1830.

Roger père et fils, *Le Champ du repos, ou le Cimetière Mont- Louis, dit du Père- Delachaise*, Hachette, Paris, 1816.

Salomon, F.-T., *Le Père-Lachaise. Recueil général alphabétique des concessions perpétuelles établies dans ce lieu*, Ledoyen, Paris, 1855.

Sergent, Eric, *Symboliquement vôtre. Balade funéraire graphique, coll. Dilaceratio Corporis*, Faye, Lyon, 2022.

網站資料

APPL (Amis et Passionnés du Père- Lachaise), Cimetière du Père- Lachaise, https://www.appl-lachaise.net

BELEYME, Marie, Père- Lachaise : 1804-1824, Naissance du cimetière moderne, https://perelachaisehistoire.fr

BEYERN, Bertrand, Pas un jour sans une tombe, https://bertrandbeyern.fr

LANDRU, Philippe, Cimetières de France et d'ailleurs, http://www.landrucimetieres.fr/spip/

PÉNIN, Marie- Christine, Tombes sépultures dans les cimetières et autres lieux des personnalités qui ont fait notre monde, https://www.tombes-sepultures.com/index.html

VK0082

巴黎墓園的祕密生活

為逝者按讚！網路爆紅生命守門人，帶你體驗法國「拉雪茲神父公墓」多樣迷人的生態，在自然景致與逝者銘言間體悟生命美好

原著書名：La vie secrète d'un cimetière

巴黎墓園的祕密生活 : 爲逝者按讚 ! 網路爆紅生命守門人 , 帶你體驗法國「拉雪茲神父公墓」多樣迷人的生態 , 在自然景致與逝者銘言間體悟生命美好 / 班諾瓦‧加洛 (Benoît Gallot) 作 ; 謝珮琪譯 . -- 初版 . -- 臺北市 : 積木文化出版 : 英屬蓋曼群島商家庭傳媒股份有限公司城邦分公司發行 , 2024.04
面； 公分
譯自 : La vie secrète d'un cimetière
ISBN 978-986-459-588-4(平裝)

1.CST: 墓園 2.CST: 殯葬 3.CST: 法國巴黎

538.65 113002271

作　　者／班諾瓦‧加洛 Benoît Gallot
插　　圖／丹尼爾‧卡薩納夫 Daniel Casanave
譯　　者／謝珮琪
特約編輯／郭羽漫

總　編　輯／江家華
版　　權／沈家心
行銷業務／陳紫晴、羅伃伶

發　行　人／何飛鵬
事業群總經理／謝至平
城邦文化出版事業股份有限公司
台北市南港區昆陽街 16 號 4 樓
官方部落格：http://cubepress.com.tw/
電話：886-2-2500-0888　傳真：886-2-2500-1951
發　　行／英屬蓋曼群島商家庭傳媒股份有限公司城邦分公司
台北市南港區昆陽街 16 號 8 樓
客服專線：02-25007718；02-25007719
24 小時傳眞專線：02-25001990；02-25001991
服務時間：週一至週五上午 09:30-12:00、下午 13:30-17:00
郵撥：19863813　戶名：書虫股份有限公司
讀者服務信箱：service@readingclub.com.tw　城邦網址：http://www.cite.com.tw
香港發行所／城邦（香港）出版集團有限公司
香港九龍土瓜灣土瓜灣道 86 號順聯工業大廈 6 樓 A 室
電話：852-25086231　傳眞：852-25789337
電子信箱：hkcite@biznetvigator.com
馬新發行所／城邦（馬新）出版集團 Cite (M) Sdn Bhd
41, Jalan Radin Anum, Bandar Baru Sri Petaling,
57000 Kuala Lumpur, Malaysia.
電話：(603) 90563833　傳眞：(603) 90576622
電子信箱：services@cite.my

封面設計／ PURE
內頁排版／ PURE
製版印刷／上晴彩色印刷製版有限公司

【印刷版】
2024 年 4 月 30 日 初版一刷
售價／ 550 元
ISBN ／ 9789864595884

【電子版】
2024 年 5 月
ISBN ／ 9789864595877（EPUB）

【有聲版】
2024 年 5 月
ISBN ／ 9789864595907（MP3）